LA DOBLE MUERTE DE UNAMUNO

Luis García Jambrina
y Manuel Menchón

LA DOBLE MUERTE DE UNAMUNO

Luis García Jambrina
y Manuel Menchón

Capitán Swing

© Del libro:
Luis García Jambrina
Manuel Menchón

© De esta edición:
Capitán Swing Libros, S. L.
c/ Rafael Finat 58, 2º 4 - 28044 Madrid
Tlf: (+34) 630 022 531
contacto@capitanswing.com
capitanswing.com

© Diseño gráfico:
Filo Estudio - filoestudio.com

Corrección ortotipográfica:
Victoria Parra Ortiz

ISBN: 978-84-122818-2-8
Depósito Legal: M-6209-2021
Código BIC: FV

Impreso en España / *Printed in Spain*
Artes Gráficas Cofás, Móstoles (Madrid)

Queda prohibida, sin autorización escrita de los titulares del *copyright*, bajo las sanciones establecidas en las leyes, la reproducción total o parcial de esta obra por cualquier medio o procedimiento.

Índice

Nota de los autores 07

Prólogo: ni con los *hunos* ni con los *hotros* 11

Las premoniciones: crónica de una muerte anunciada 21

De cómo se fue fraguando el relato oficial 27

Añadidos, lagunas, correcciones, matizaciones… 39

¿Un cuento de Navidad? ¿Un drama de mesa camilla? 53

Duelo en el paraninfo o el fantasma de José Rizal 57

El hombre que detestaba a los intelectuales… traidores 69

Unamuno frente al fascismo 75

Bartolomé Aragón, el único testigo 81

El hombre que quemaba libros 91

El retorno del falso discípulo 101

Del sentimiento trágico de la muerte (interludio literario) 105

La muerte física: el dictamen médico 113

Algunos errores o inexactitudes 123

La doble muerte de Augusto Pérez 127

La muerte simbólica: un cadáver secuestrado por los sublevados 129

Una tragedia borgiana, quijotesca, shakespeariana y sofocleana 135

Epílogo: porque no todo está escrito, y menos aún el pasado 141

Deudas y agradecimientos 149

Nota de los autores

Este no es un libro de historia ni un trabajo académico. Tampoco es un ensayo ni una novela, si acaso una mezcla de *nivola* e *inseyo*, como diría tal vez Unamuno. Se trata, en fin, de un cruce de crónica y reflexión, indagación histórica y biográfica y recreación literaria en torno a las circunstancias de todo tipo que rodearon la muerte de una de las figuras más controvertidas y fascinantes de la España reciente. El resultado es fruto del trabajo de varios años y se basa en múltiples testimonios y documentos, muchos de ellos poco conocidos o utilizados. El punto de partida es la película documental *Palabras para un fin del mundo*, escrita y dirigida por Manuel Menchón, y la exhaustiva investigación previa realizada por este, que luego ha sido convenientemente ampliada y aquilatada por los autores, con la intención de matizar, profundizar e ir más allá.

Vivimos tiempos de *posverdad* en los que parece que la búsqueda de la verdad se ha vuelto una quimera y, por lo tanto, ya no interesa a nadie o más bien carece de sentido; lo único que importa, por lo visto, es fraguar una narrativa poderosa y convincente, o al menos plausible, e imponerla de forma seductora a los demás. Con este libro no queremos construir un relato alternativo, sino más bien un *contrarrelato*. Tampoco pretendemos ofrecer la verdad; el objetivo es desmontar y desenmascarar lo que aquí hemos llamado la versión oficial, no para sustituirla por otra, sino para intentar desenterrar y recuperar la memoria de la muerte de don Miguel hasta donde sea posible. Más que defender una hipótesis o buscar una síntesis, lo que planteamos es una antítesis, algo, por lo demás, muy unamuniano. Se trata, en última instancia, de provocar el debate y la reflexión desapasionada sobre un asunto polémico, como casi todo lo que tiene que ver con este gran escritor e intelectual. Pero no es nuestra intención acusar a nadie ni manchar el nombre de ninguna persona en particular; tan solo hacemos uso de nuestro derecho a discrepar de la versión oficial y a poner en cuestión un relato de los hechos que, como mínimo, habría que calificar de insuficiente y confuso, cuando no de contradictorio y falaz. Con ello hemos querido hacer nuestra la divisa de Unamuno: «Primero la verdad que la paz». Así que ya sabemos a lo que nos arriesgamos. Como siempre, será el lector el que habrá de sacar sus propias conclusiones, como habría deseado el propio don Miguel.

«Mi divisa es: veritas prius pace, *primero la verdad que la paz. Es mejor verdad con guerra que mentira con paz».* (1909)

«Claro que ya estoy harto de eso de las piruetas y las contradicciones. Es igual que lo de las paradojas. Me lo cuelgan a mí porque quieren. Yo podría demostrar que desde hace cincuenta años sostengo los mismos puntos de vista». (1935)

«Nací durante una guerra civil. […] Y ahora termino mi vida durante una guerra civil. Toda mi vida he llevado la guerra civil en mi alma». (1936)

Miguel de Unamuno

«Siempre hay otra versión de la historia. Las apariencias engañan».

W. H. Auden

Prólogo: ni con los *hunos* ni con los *hotros*

Unamuno siempre fue una figura incómoda, resbaladiza y con muchas aristas, y, en gran medida, todavía lo es. Por mucho que, desde uno u otro lado, nos empeñemos en clasificarlo o en hacerlo encajar en los estrechos límites de una creencia, de una postura política o de una ideología, siempre se nos escapa, como el agua entre los dedos. Durante toda su vida, don Miguel se negó a definirse y, sobre todo, a que los demás lo encasillaran. «¡Dejen, por Dios —o por el no Dios—, de encasillarme!», exclamó en alguna ocasión. «Aborrezco toda etiqueta; pero si alguna me habría de ser más llevadera es la de ideoclasta, rompeideas», comentó en otro lugar. Fue un hombre libre e independiente, un heterodoxo, un solitario. «No soy ni fascista ni bolchevique; soy un solitario», le dijo a Nikos Kazantzakis en una célebre entrevista en octubre de 1936. «El hereje solitario», lo llama elogiosamente Margaret Rudd en su biografía pionera.

Y es que Unamuno no era un hombre de dogmas ni de ideas, sino de pensamiento, un pensamiento vivo que nunca se detenía ni se concretaba en una conclusión definitiva. Era dialéctico: una continua sucesión de tesis y antítesis, pero sin llegar nunca a la síntesis conciliadora —«huyo de la síntesis de contrarios al modo hegeliano»—, ya que lo que en realidad le interesaba era «sentir el juego dialéctico y fecundo de las contradicciones, raíz y sostén de la conciencia viva». De modo que todo lo discutía, todo lo contradecía, todo lo cuestionaba, todo lo problematizaba; también a sí mismo, sobre todo a sí mismo. En don Miguel, además, convivían y se sucedían muchos yoes, muchas personalidades, muchos Unamunos discordantes entre sí. Por eso era, aparentemente, tan contradictorio.

En realidad, su forma de pensar era una forma de vivir y de actuar, una actitud ante la vida; una manera, en definitiva, de encararse con el mundo y con la existencia que consistía en estar en constante lucha o *agonía*, como él prefería decir. Y de ello dejó constancia en numerosos escritos. Veamos tan solo algunos ejemplos entresacados de lo que publicó en los años treinta: «Siempre he vivido en duelo íntimo, alimentando contradictorias posiciones y sintiendo la necesidad de disentir de cualquiera que defendiese una de ellas. No quiero programas». «Tenemos que librarnos —y libertarnos— de facciosos de derecha, de izquierda y de centro, de inventores de dogmas, de falsificadores de la Historia, de inquisidores y de definidores». «¿Qué? ¿Qué dice usted, amigo? ¿Que a qué partido, secta, escuela, hermandad o círculo pertenezco? Al de ir haciendo que cada uno de ellos vaya a entender su propio entendimiento, y no es poco». «Y no me pregunte usted ahora, amigo mío, qué partido tomo. No tomo partido, que ni he sido ni seré hombre de partido». «Usted sabe que huyo como de la peste de que se me quiera clasificar». «Soy especie única», declaró en otra ocasión.

Después de haber escrito tantas páginas sobre el cristianismo y el anhelo de inmortalidad ni siquiera podemos determinar si era creyente o no lo era; si tan solo quería creer o en verdad creía que creía; si estaba convencido o no de la existencia de una vida perdurable, de algo que garantizara la propia trascendencia. Políticamente, se consideraba un liberal, que en aquel tiempo era la opción menos ideologizada y menos dogmática posible. Pero fue, eso sí, «un liberal sin disciplina de partido», en palabras de Valentín del Arco; esto es, un auténtico liberal. Elías Díaz, por su parte, nos recuerda que para Unamuno el liberalismo es fundamentalmente «una auténtica concepción del mundo, una visión total de la vida de carácter tolerante, crítico y antidogmático». Recordemos que don Miguel vivió treinta y seis años en el siglo XIX y otros tantos en el XX, a caballo, por tanto, entre una centuria y otra, y en aquella época el liberalismo era una corriente filosófica, política y económica que, entre otras cosas, promovía la libertad del ser humano, la igualdad política y jurídica y la búsqueda del progreso material de los pueblos.

De todas formas, lo suyo era clamar contra esto y aquello y, sobre todo, contra los *hunos* y los *hotros,* como gráficamente los llamaba. Él pensaba siempre a la contra y no dudaba nunca en mostrar su desacuerdo, su disidencia o su disconformidad, su permanente heterodoxia, aunque le fuera la vida en ello, como de hecho le ocurrió. De ahí que resultara tan polémico y controvertido hasta el final de sus días, que, para su desgracia, coincidieron con los primeros meses de la guerra civil española, un tiempo nada proclive a actitudes como la de Unamuno.

Las personas inclasificables suelen resultar molestas, pues no podemos simplificarlas ni reducirlas a un solo concepto o categoría, especialmente en España, donde somos muy dados a proclamar esa falsa y terrible disyuntiva de «o estás conmigo o estás contra mí», como si las cosas fueran tan sencillas y no cupieran otras opciones, incluso varias a la vez. A lo largo de su vida, fueron no pocos los grupos y partidos que trataron de captarlo para su causa o facción, pero nunca fue presa fácil, sino alguien esquivo y escurridizo como una anguila: crees que la tienes acorralada y de repente culebrea y aparece en la otra orilla del río. Unamuno, además, era una persona íntegra e insobornable; no se dejaba comprar con dinero ni con prebendas ni seducir por las promesas y los halagos. Él iba siempre a contracorriente y estaba en permanente pugna y disidencia con todo el mundo, sobre todo con el poder establecido. Por ello fue desterrado a Fuerteventura por la dictadura de Primo de Rivera y, al final de su vida, castigado y secuestrado por los sublevados, ya veremos de qué forma y en qué medida.

A Unamuno el alzamiento militar lo pilla en un momento de gran desencanto con respecto a la República. Si bien en un principio la había saludado con decidido entusiasmo, lo que lo llevó a ser nombrado ciudadano de honor de la República, pronto comenzaría a ser muy crítico con ella, cosa que no debe sorprendernos, pues no era la primera vez que se situaba en contra del poder gobernante, fuera del signo que fuera. De modo que era lógico que, dentro de esa continua dialéctica en la que se movía su pensamiento, tuviese dicha actitud.

Por otra parte, hay que tener en cuenta que, tanto para Unamuno como para muchos ciudadanos de las poblaciones que fueron inmediatamente ocupadas por los golpistas, como fue el caso de Salamanca, el alzamiento militar venía a ser algo así como una simple rectificación de algunos de los males o errores de la República. Así lo daban a entender los propios sublevados desde las emisoras de radio y los periódicos locales: «En Salamanca, nos es grato hacer pública la lealtad y disciplina de los regimientos que guarnecen la capital y la provincia, con cuya lealtad y disciplina asisten al Gobierno de la República. El comandante militar desea también expresar agradecimiento al pueblo salmantino por el ofrecimiento de personas de todas las clases sociales que desean colaborar con el movimiento de salvación de España. Salmantinos, españoles, ¡viva España, viva la República con dignidad!», leemos en *El Adelanto*, diario de Salamanca, el 19 de julio de 1936. «El Movimiento es netamente republicano, de lealtad absoluta y decidida al régimen republicano», declara el general Queipo de Llano en el *ABC* de Sevilla, el de la llamada «zona nacional», el 26 de julio. El propio Franco, en su manifiesto del día del golpe militar, habló por su parte de «Libertad, Igualdad y Fraternidad». De ahí que, en ese contexto, Unamuno se considerara a sí mismo un «elemento de continuidad» de la República. De esta forma lo plantea a propósito de la constitución del nuevo Ayuntamiento de Salamanca el 25 de julio de 1936: «El pueblo me trajo acá, al Ayuntamiento, al traer la República en las elecciones del 12 de abril del 31, y me llevó luego a las Cortes Constituyentes como su diputado. Aquí y allí a servir a España en el régimen que ella se ha dado. [...] Y ahora, al llamarme acá lo que de sano queda del pueblo regularmente armado, acá vengo a seguir sirviendo, como antes, a España». Pero esto enseguida fue aprovechado por los sublevados, que vieron en él al aliado perfecto para legitimar su causa ante el mundo y deslegitimar la contraria, la de la República.

Y es que las guerras no se hacen solo con las armas, se llevan a cabo también con las palabras y las imágenes, con la propaganda; no en vano la pluma puede ser tan poderosa como la espada, y la máquina de escribir, tan letal como la artillería. En todo caso, el objetivo es el mismo. De hecho, la propaganda es la guerra por otros medios, los de comunicación, una de cuyas funciones es manipular la verdad y generar información falsa. Al fin y al cabo, las *fake news* no son una invención de nuestro tiempo, lo único nuevo son los canales y soportes tecnológicos utilizados para transmitirlas. Y no hay propaganda sin contrapropaganda. De modo que don Miguel no tardó en verse envuelto en una «guerra de ideas», algo que nada tiene que ver con el pensamiento dialéctico tal y como él lo practicaba. En la «guerra de ideas» no se trata de persuadir al otro con la razón, sino de arrebatársela y acabar con él. Lo que importa es destruir y aniquilar al adversario. Y ya sabemos que, en cualquier conflicto bélico, la primera víctima es siempre la verdad. Unamuno, sin embargo, cuando combatía una idea o arremetía contra una mentira no lo hacía para sustituirla por otra; él quería convencer, no vencer; buscar la verdad, no derrotar al contrario.

Al comienzo del alzamiento, los militares golpistas necesitaban legitimarse con un discurso o relato que fuera convincente y justificara la sublevación frente a la legalidad democrática de la Segunda República, y, de pronto, apareció el escritor más prestigioso e influyente de España, el intelectual por antonomasia y el menos sospechoso de ser fascista, diciendo que ellos representaban «la salvación de la civilización cristiana occidental». Esa era la consigna que sin saberlo andaban buscando y que Franco, que era muy astuto, fue el primero en ver y en utilizar propagandísticamente, hasta el punto de que no paraba de repetirla. El lema le venía como anillo al dedo, y encima su autor vivía en Salamanca, en zona ocupada, donde pronto instalaría su cuartel general y la oficina de Prensa y Propaganda; lo uno va siempre con lo otro, como el lobo y su sombra, ya que sus responsables concebían «la labor periodística como complementaria a la de las armas y, por tanto, subordinada al mundo político-militar». Y para ello contaban con buenos maestros y referentes: nada menos que el fascismo de Mussolini y la Alemania nazi. Tanto es así que hasta la consigna «Una Patria, un Estado, un Caudillo», acuñada y difundida por José Millán Astray, estaba copiada del «*Ein Volk, ein Reich, ein Führer*». De modo que no es extraño que por Salamanca camparan a sus anchas en aquel momento los fascistas italianos y los militares nazis con sus vistosos uniformes y su aire bizarro y marcial. Nunca hasta entonces la ciudad universitaria había sido tan castrense y cosmopolita. Lo que, de algún modo, sitúa a nuestro escritor, sin pretenderlo, en el epicentro de la guerra en esos primeros meses, que fueron tan decisivos para lo que vino después.

Pero ¿de verdad pensaban los sublevados que Unamuno podía ser un adepto y un auténtico aliado? No lo creemos. Sin embargo, eso poco importaba, mientras pudieran rentabilizarlo para su beneficio. ¿Admiraban los falangistas a don Miguel? Es posible que así fuera en el caso de José Antonio Primo de Rivera, que en alguna ocasión llegó a confesar lo mucho que había tomado de su obra. Y no fue el único; algunos otros fascistas españoles y hasta italianos también lo leyeron y lo citaron, y, en algunos casos, proclamaron su influencia, lo que ha llevado a ciertos investigadores a considerar a Unamuno una especie de «prefascista». Aunque son casos muy diferentes, recordemos que también ha habido estudiosos empeñados en ver en Nietzsche a un precursor del nazismo. Sin embargo, don Miguel no es responsable de lo que puedan pensar algunos de sus lectores, ni menos aún de las interpretaciones de sus exégetas, que son, por otra parte, muy variadas. Los falangistas lo que querían era que Unamuno los apadrinara, dada su gran notoriedad. En todo caso, era la suya una admiración interesada, condicionada por el rendimiento propagandístico que pudieran obtener de su persona. Claro que también sabían que el autor de *Niebla* no era de los que se dejaban manejar o manipular fácilmente y que sus opiniones eran cambiantes e impredecibles, pues no obedecían a las motivaciones habituales: la ambición, el dinero, el poder, el miedo, el halago… Si acaso podía tentarlo el deseo de que se hablara de él, que algunos confundían con la vanagloria o la egolatría, pero que, en su caso, estaba relacionado con ese anhelo irreprimible de *querer ser*.

Y sucedió que enseguida le vio las orejas al lobo, y los colmillos y las garras manchados de sangre. Esto hizo que se diera cuenta del inmenso error que había cometido al apoyar el Movimiento y echara marcha atrás, para de inmediato situarse en contra, como hacía siempre. Es verdad que siguió confiando en las buenas intenciones de Franco hasta casi el final, pero ya hemos dicho que este era muy astuto, lo que le permitía presentarse con piel de cordero cuando en realidad era el macho dominante de la jauría.

El momento crítico en todo este proceso fue el famoso incidente del 12 de octubre en el paraninfo de la Universidad de Salamanca, ese que muchos han magnificado y sublimado hasta convertirlo en un mito y otros han pretendido minimizar y desdeñar hasta casi negar su existencia («fue un acto brutalmente banal», llega a sostener Severiano Delgado en su libro *Arqueología de un mito*, publicado en 2019), sin querer darse cuenta de su verdadero alcance y significado. Y es que el discurso de Unamuno no fue tan solo un gesto simbólico, sino también un acto heroico, por lo que dijo, por cómo lo dijo y, sobre todo, por las circunstancias en las que lo dijo. Recordemos que él estaba presidiendo el evento en representación de Franco, que en ese momento andaba ocupado en hacer la guerra. Así que nadie se esperaría que don Miguel fuera a salirse de ese modo por la tangente. Se podrá discutir sobre la literalidad de sus palabras y otras particularidades. Pero lo cierto es que el mero elogio que Unamuno hizo de José Rizal, considerado por él un héroe y un mártir de la independencia de Filipinas, fue para los militares sublevados, y especialmente para Millán Astray, un acto de traición y, como tal, tuvo fatales consecuencias para Unamuno. No olvidemos que la traición, y más en tiempos de guerra, estaba castigada con la pena capital.

A partir de ese instante, Unamuno dejó de ser un aliado forzoso para convertirse en un apestado y, sobre todo, en un peligro potencial, dada su gran relevancia como escritor e intelectual. Por eso quisieron arrebatarle como fuera la palabra, silenciarlo, hacerle el vacío, condenarlo al ostracismo confinándolo en su propia casa. Pero Unamuno no podía permanecer callado por mucho tiempo, eso nunca, y menos cuando lo obligaban a ello y tenía tanto que decir. Si no hablaba, explotaba, como una olla exprés cargada de metralla dialéctica. Para él, el hecho de no poder hablar o escribir públicamente, la privación de la palabra, el silencio obligado, era mucho peor que la muerte, o, si se prefiere, era la auténtica muerte, algo así como vivir sumido en la nada, en la niebla y la inexistencia más absoluta. Y es que la palabra era la realidad más sustantiva, lo más importante, lo que podía garantizarle una vida perdurable más allá de la muerte física, pues sabía de sobra que la única inmortalidad factible era «existir en la palabra», volcarse en ella. Así que no estaba dispuesto a callar, aunque eso pudiera costarle la vida.

No obstante, todavía hay historiadores empeñados en sostener que Unamuno mantuvo su adhesión al Movimiento hasta el final de su existencia, utilizando como argumento o prueba algunas de las entrevistas concedidas a periodistas extranjeros después del 12 de octubre, sin tomar en consideración que varias de ellas fueron sometidas a la censura o contienen pasajes adulterados con la intención de eludirla, mientras que en otras don Miguel habla en pasado y con reticencia de su apoyo inicial a los sublevados, una equivocación que él admite con valentía y con bastante pesar. Lo único que tal vez pudiera reprochársele es haber seguido confiando en las buenas intenciones de Franco, bien fuera por candidez, como él mismo reconoce, o por desconocimiento, ya que, como hemos visto, en los primeros momentos los golpistas lanzaron mensajes falsos a la población con respecto a sus verdaderos objetivos.

Detractor de las dos Españas, al final de su vida quedó solo y atrapado entre las redes y las alambradas de una de ellas, repudiado por los *hunos* y por los *hotros*, y ya no logró salir indemne. No podía ni quería huir de Salamanca, para no poner a su familia en peligro, y era incapaz de permanecer en silencio ante lo que estaba viendo y padeciendo. «El día que me quiten la palabra me han matado», le dijo en una ocasión a Alejandro Lerroux. Durante dos meses y medio Unamuno vivió más agónicamente que nunca, lleno de angustia y zozobra, ya que era consciente de lo que le esperaba y, en cierto modo, lo tenía asumido; era el precio que debía pagar por haber errado. Lo que no sabía con certeza era cómo iba a suceder. A Federico García Lorca su asesinato lo había convertido enseguida en un símbolo de la represión del bando fascista, en un héroe trágico muy acorde con su poesía y su teatro, en un mito de alcance universal. De modo que a él los sublevados no le iban a dar esa satisfacción, eso estaba claro.

Para estos, Unamuno se había convertido en un problema. Encarcelarlo habría sido inútil y contraproducente, ya que se las habría arreglado para hacer llegar su palabra más allá de las rejas, de los frentes y de las fronteras; fusilarlo habría constituido un gravísimo error desde el punto de vista estratégico y propagandístico, y silenciarlo era poco menos que imposible, como ya sabemos. ¿Quién puede acallar a alguien que lo ha perdido todo menos la razón? Era preciso, pues, neutralizarlo, pero no de cualquier manera ni, desde luego, a cualquier coste.

Las premoniciones: crónica de una muerte anunciada

Al margen de como ocurriera, la de Unamuno parece una muerte anunciada, por no hablar de oportuna. En ella hay un cierto *fatum* o fatalismo trágico. El hecho de que tuviera lugar el 31 de diciembre de 1936, un *annus horribilis*, un año fatídico y terrible, el primero de la Guerra Civil, nos trae a la cabeza la idea de una fecha límite, de un tiempo que se agota, de un plazo marcado de antemano. ¿Por quién?, cabría preguntarse. ¿Se trata de una mera coincidencia, fruto de la casualidad, o de algo buscado de manera deliberada por alguien? El caso es que tal día como aquel, pero treinta años antes, a la caída de la tarde, don Miguel había presentido o imaginado su deceso en un poema estremecedor incluido en su primer libro de versos, *Poesías*, publicado en 1907. El poema aparece fechado en la Nochevieja de 1906 y no tiene título; es el III de la sección «Incidentes domésticos», y se lo conoce o identifica por su comienzo: «Es de noche, en mi estudio...». En él imagina el autor la llegada sigilosa de la muerte en ese último día del año, antes de la cena familiar, mientras está solo en su gabinete de trabajo, rodeado de libros sabios y silenciosos, escribiendo las que podrían ser sus postreras palabras, su testamento poético. Y acaba así:

> Tiemblo de terminar estos renglones
> que no parezcan
> extraño testamento,
> más bien presentimiento misterioso
> del allende sombrío,
> dictados por el ansia
> de vida eterna.
> Los terminé y aún vivo.

Por fortuna no fue eso lo último que don Miguel escribió. Pero, a la larga, ese «presentimiento misterioso» se convertiría en una especie de augurio o profecía. ¿Se acordaría Unamuno de su poema en esa jornada final de 1936? Es muy posible, ya que sabemos que en esos días la muerte estaba muy presente en su pensamiento, mucho más que de ordinario, y, por lo visto, había motivos para ello.

Tampoco hemos de olvidar que esa fecha estaba muy próxima a un triste aniversario para Unamuno. Cuarenta años antes, concretamente el 30 de diciembre de 1896, moría fusilado en Manila el médico, escritor, pintor, político e intelectual José Rizal, héroe de la independencia de Filipinas, una persona muy querida y admirada por Unamuno, como bien se aprecia en el epílogo laudatorio que escribió para la biografía preparada por Wenceslao Retana, publicada también en 1907, donde lo considera un mártir de su causa e incluso se refiere a él como «San José Rizal», si bien es consciente de que, para muchos españoles, especialmente para ciertos militares, no era más que un vil traidor. En una carta, Unamuno señala de pasada que el asesinato de Rizal fue el mayor crimen de la Regencia habsburgiana —«el crimen mayor de entonces», dice en otro lugar— y confía en que algún día el pueblo español haga erigir un monumento en desagravio a su memoria en la ciudad de Manila. Eso explica que Unamuno lo mencionara elogiosamente y con toda la intención en su discurso del 12 de octubre —fecha en la que entonces se conmemoraba el Día de la Raza— en el paraninfo de la Universidad, a pesar de estar rodeado de falangistas y militares armados. Pero de esto hablaremos luego, pues es de vital importancia.

Lo que ahora debemos subrayar es que, desde esa fecha, la muerte comienza a revolotear sobre la casa de Unamuno, en la calle Bordadores, como un ave de mal agüero, y, conforme avanzan los días, su sombra se va haciendo cada vez más oscura y alargada, como la del ciprés. ¿Era consciente don Miguel de su situación y del peligro que corría su vida? Más que temer la muerte, parecería que la estaba esperando. No podemos decir que la deseara o la buscara de una manera consciente, pero sí que la tenía más que asumida, dadas las circunstancias. La prueba es que, en las últimas semanas de su vida, se acumulan los escritos en que Unamuno cree que lo van a «asesinar»; esa es la palabra que él utiliza.

Esto es lo que escribe, por ejemplo, en una carta a Juan Carretero Luca de Tena, el director del diario *ABC* de Sevilla, el que se publicaba en la llamada «zona nacional», fechada el 11 de diciembre de 1936. La misiva está redactada en respuesta a una información aparecida el día anterior —una muestra más de la utilización propagandística de la figura de Unamuno—, y en ella no se recata a la hora de decir lo que piensa, sin importarle las posibles consecuencias; de hecho, don Miguel se muestra muy desatado y, lejos de acobardarse, no deja de echar leña al fuego que comienza a arder bajo sus pies:

> Aunque conozco de antaño, señor mío, su característica mala fe, esta vez quiero decírselo. En el número de ese *ABC* sevillano de ayer, día 10, leo un suelto que dice «Carta de don Miguel de Unamuno a todos los centros docentes extranjeros». Pues bien, eso es mentira y usted lo sabe. Primero, hace tiempo que no soy rector de la Universidad de Salamanca, desde que esta gente me sustituyó.
> Esta carta, acordada en claustro, no es mía, sino de la Universidad. No la redacté yo. Luego la puso en latín macarrónico un cura cerril. Y ahora debo decirle que, por muchas que hayan sido las atrocidades de los mandos rojos, de los *hunos*, son mayores las de los blancos, los *hotros*. Asesinatos sin justificación. A dos catedráticos, a uno en Valladolid y a otro en Granada, por si eran… masones. Y a García Lorca.
> Da asco ser ahora español desterrado en España. Y todo esto lo dirige esa mala bestia ponzoñosa y rencorosa que es el general Mola. Yo dije que lo que había que salvar en España era la civilización occidental cristiana, pero los métodos no son civilizados sino militarizados, no occidentales sino africanos, ni cristianos sino católicos a la española tradicionalista, es decir, anticristianos. […]
> No es este el Movimiento al que yo, cándido de mí, me adherí creyendo que el pobre general Franco era otra cosa que lo que es. Se engañó y nos engañó […]. Entre los *hunos* —rojos— y los *hotros* —blancos, color de pus— están desangrando, ensangrentando, arruinando, envenenando y, lo que para mí es peor, entonteciendo

a España. En la España que proclama como Caudillo a Franco —personalmente un buen hombre víctima y juguete de la jauría de hienas— cabrá todo menos franqueza. Ni amor a la verdad. Pero ustedes, los del *ABC*, podrán seguir envenenando con mentiras, insidias, calumnias…

Le escribo esta carta desde mi casa, donde estoy desde hace días encarcelado disfrazadamente. Me retienen en rehén no sé de qué ni para qué. Pero si me han de asesinar, como a los otros, será aquí, en mi casa. Y no quiero seguir. Aún me queda por decir.

Unamuno tenía miedo de que lo asesinaran, pero, así y todo, no se mordía la lengua; probablemente, no se habría callado ni ante el pelotón de fusilamiento encargado de ejecutarlo. Y, si eso le decía a un adepto a los sublevados, imaginemos lo que les podría contar a los que no lo fueran.

Tan solo dos días después de esa carta, le escribe a un amigo, el escultor bilbaíno Quintín de Torre, que se había adherido al alzamiento: «Han asesinado, sin formación alguna de causa, a dos catedráticos de universidad, uno de ellos discípulo mío, y a otros. También al pastor protestante, por ser masón. Y amigo mío… A mí no me han asesinado todavía estas bestias al servicio del monstruo». El discípulo aludido es Salvador Vila y el pastor protestante, Atilano Coco, y, a juzgar por la carta anterior, huelga decir quiénes son las «bestias» y quién es, para él, el «monstruo» responsable de sus muertes. En ese contexto, la suya la da por descontado.

Y esto es lo que puede leerse en el borrador de un escrito del 25 de diciembre, seis días antes de su fallecimiento, en el que don Miguel finge o transcribe una «conversación con el rector Madruga»: «Que vengan acá a asesinarme como a [Arturo] Pérez Martín y a Vila. En esa Granada… Peores los *hotros* que los *hunos*. Estos, ingenerados, salvajes; aquellos, degenerados, resentidos, pervertidos. García Lorca» (recogido como anexo en la edición de *El resentimiento trágico de la vida* preparada por Colette y Jean-Claude Rabaté). Para Unamuno, el asesinato del poeta granadino era, sin duda, un claro precedente de lo que podría pasarle a él en cualquier momento. Pero fueron precisamente las consecuencias de esa trágica muerte, de gran resonancia internacional, las que llevaron a los sublevados a no volver a cometer el mismo error. No obstante, eso no significa que no lo desearan.

Por otra parte, hay una carta fechada ocho días antes de su desaparición en la que Unamuno muestra su preocupación por dejar resueltos algunos asuntos de carácter privado y doméstico, por lo que le pudiera pasar. Se trata de la que le envía precisamente al rector Esteban Madruga a través de su hija Felisa, junto con «las llaves del departamento de la antigua casa rectoral, en que se guarda la librería que fue mía y hoy es de la Universidad». Asimismo, ruega que informe al decano de la Facultad de Letras de que tiene «dos o tres libros de su biblioteca», por lo que le pide a este se «digne en mandar un bedel para que los recoja y los guarde allí». Unamuno parece, pues, consciente de que el tiempo se le acaba y desea cumplir su voluntad de donar su biblioteca personal a la Universidad de Salamanca. Y luego añade: «He decidido no salir ya de casa desde que me he percatado de que el pobrecito policía esclavo que me sigue —a respetable distancia— a todas partes, es para que no escape —no sé dónde— y así se me retenga en este disfrazado encarcelamiento como rehén no sé de qué, ni por qué ni para qué». En efecto, cuando salía, cada vez con menos frecuencia, lo hacía bajo la vigilancia de un agente.

En esa misma línea, el escritor falangista Eugenio Montes contó en una entrevista que, diez días antes de la muerte de don Miguel, había acompañado a este al taller de marmolería del cementerio de Salamanca, donde, según comenta, encargó una lápida similar a la de su esposa y con el epitafio que ahora figura en ella. Pero lo más probable es que se trate de una mera leyenda, una de las muchas que se hicieron circular sobre el escritor vasco tras su fallecimiento; con ellas se trataba de dar un aire de fatalidad a la muerte de Unamuno. Según testimonios de la propia familia, la decisión sobre la inscripción que debía grabarse en la lápida fue tomada por los hijos con posterioridad a la muerte de don Miguel. De las varias propuestas que se barajaron, parece ser que fue la de Fernando, el primogénito, la elegida. Se trata de la última estrofa del poema de Unamuno «Salmo III», fechado en 1906: «Méteme, Padre Eterno, en tu pecho, / misterioso hogar, / dormiré allí, pues vengo deshecho / del duro bregar».

Por último, hay unas declaraciones de don Miguel que se muestran coincidentes con lo expuesto en las citadas cartas. Aparecen recogidas en el periódico francés *L'Humanité*, en un artículo publicado el 7 de enero de 1937 bajo la firma de Georges Sadoul, si bien este reconoce que la fuente de su texto era un anónimo periodista que, al parecer, había hablado con Unamuno en el mes de diciembre y al que este le había entregado un «mensaje» escrito, del que dice haber extraído las frases que le atribuye. Una de las más significativas es la que aparece al final del artículo: «*Je suis surveillé, on ne me laisse pas sortir mais cependant on ne m'a pas encore fusillé*» («Estoy vigilado, no se me deja salir, pero todavía no me han fusilado»). «*Ce mot "encore"* —añade Sadoul a continuación— *prend au lendemain de la disparition de don Miguel de Unamuno une tragique résonance*» («Esa palabra, "todavía", adquiere al día siguiente de la desaparición de don Miguel de Unamuno una trágica resonancia»). Al parecer, el célebre historiador del cine estaba convencido de que, de una manera u otra, la premonición se había acabado cumpliendo, como si se tratara de una profecía autorrealizada.

De cómo se fue fraguando el relato oficial

Conocemos la muerte de Unamuno a través, sobre todo, del relato de su último interlocutor, una versión llena de lagunas, incoherencias, vaguedades y contradicciones, pero que, poco a poco, se fue extendiendo, reforzando e imponiendo, hasta el punto de que luego nadie ha sido capaz de refutarla, desmontarla o ponerla en cuestión. Y es que, como nos recuerda Juan Jacinto Muñoz Rangel en su reciente ensayo *Una historia de la mentira*, una «ficción bien urdida tiene más fuerza que una razón o argumento», sobre todo para aquellos que solo oyen lo que quieren escuchar. De nuevo da la impresión de que los vencedores se adueñaron enseguida del relato y todos los que vinieron después se limitaron a comprarlo y reproducirlo con más o menos dudas, adornos, matices y reticencias. Frente a ello, el rumor de que Unamuno había sido envenenado no pasó de eso, de ser un rumor nunca verificado —tampoco habría sido posible hacerlo en tales circunstancias— y pronto acallado, hasta convertirse con el tiempo en el rumor de un rumor. También entre algunos convecinos de Unamuno se instaló la convicción —ignoramos con qué fundamento— de que la muerte de Unamuno no había sido natural. De todas formas, si alguien llegó a saber algo a ciencia cierta, nunca lo contó (o, si lo hizo, no trascendió); en aquel momento, habría que suponer que fue por miedo —legítimo, por supuesto— a correr la misma suerte, y, luego, por vergüenza por haber callado durante tanto tiempo, lo que podría ser interpretado como un silencio cómplice.

El caso es que el relato oficial ha seguido vivo e inalterado, a falta de un *contrarrelato* bien documentado o de una versión alternativa. Se ha repetido tanto que ya casi nadie lo pone en duda, y cuando alguien lo hace, enseguida se le echan encima los guardianes de la supuesta verdad. Pero ¿cómo se forjó ese relato? ¿Con qué mimbres se fue tejiendo? Y, sobre todo, ¿con qué intención, si es que la hubo? Como es lógico, la fuente principal fue el único testigo, Bartolomé Aragón Gómez, del que luego hablaremos por extenso. Las primeras declaraciones de este aparecen recogidas al día siguiente, 1 de enero de 1937, en la prensa local de Salamanca. Parece evidente que la información procede de él, pero cabe preguntarse cómo llegaron a ella los periodistas, ya que, por lo visto, Aragón se había encerrado en su cuarto del hotel Novelty, presa de la ansiedad y de los nervios y tal vez del pánico. Sea como fuere, el titular a doble columna de *La Gaceta Regional de Salamanca*, en la última página, decía lo siguiente en letra destacada: «Ayer falleció don Miguel de Unamuno. Su muerte fue repentina». Y luego proseguía en el cuerpo de la noticia: «Mediada la tarde de ayer, circuló por Salamanca el rumor de que don Miguel de Unamuno había fallecido. Inmediatamente procuramos comprobar la triste noticia, la que nos fue confirmada. Según parece, don Miguel de Unamuno venía haciendo en el día de ayer su vida normal, y hacia las seis de la tarde falleció repentinamente, sin que pudiera ser auxiliado por la Ciencia, pues ninguna dolencia hacía presentir el rápido desenlace». Después había un apartado titulado «Algunos detalles de sus últimos momentos», donde se decía lo siguiente:

> Poco antes de morir el señor Unamuno, recibió la visita del profesor auxiliar de la Facultad de Derecho, señor Aragón, al que manifestó, al preguntarle por su salud, que se encontraba perfectamente y como nunca de bien. Sentados frente a frente en la camilla que don Miguel ocupaba, llevaba este, como era corriente en él, el peso de la conversación, que versaba, por cierto, sobre el porvenir de España, máxima preocupación de don Miguel de Unamuno en estos últimos tiempos.
>
> De pronto, el señor Unamuno inclinó la cabeza y se puso intensamente pálido, comenzando a salir humo del brasero, circunstancia a la que atribuyó el señor Aragón el repentino mareo, que tal creía fuera el que había hecho perder el sentido al ilustre pensador. Se levantó a retirarlo y vio que se quemaba una de las

babuchas de don Miguel y advirtió al mismo tiempo la verdad de una desgracia irreparable, avisando a la familia, que acudió con la ansiedad natural, procurando los auxilios de la Ciencia y de la Religión para el ilustre catedrático.

El artículo aparece ilustrado con una conocida foto de don Miguel en la que se le ve sentado en una colina oteando la llanura y el río Tormes, a la altura de la Flecha, el lugar al que se retiraba fray Luis de León para meditar y escribir, y se completa con un breve recorrido biográfico. En él se señala que, tras el alzamiento, Unamuno se había alineado abiertamente con los sublevados haciendo declaraciones en las que cargaba contra el Gobierno marxista y contra los líderes del Frente Popular que habían conducido a España al caos. Por último, se anunciaba la hora de la misa de funeral en la iglesia parroquial de la Purísima Concepción, a las 11:00, y la de la posterior conducción del cadáver al cementerio de la ciudad, a las 16:00.

En *El Adelanto*, el otro diario salmantino, la noticia iba encabezada por el siguiente titular: «Don Miguel de Unamuno y Jugo fallece repentinamente». Y en ella podía leerse:

> En las primeras horas de la noche de ayer, circuló por nuestra ciudad el rumor del fallecimiento del ex-Rector de la Universidad de Salamanca, don Miguel de Unamuno y Jugo. Momentos después comprobamos la noticia con todo género de detalles.
>
> El señor Unamuno, aunque algo delicado desde hace bastante tiempo, venía haciendo la vida normal. Ayer se levantó a las diez y media, y pasó la mañana leyéndole narraciones infantiles a su nieto Miguelín. A las cuatro y cuarto de la tarde, el señor Unamuno recibió la visita de un amigo, con el que estaba charlando en su despacho cuando sintió un desvanecimiento repentino. Momentos más tarde, expiraba rodeado de sus familiares.

Aunque se ha repetido luego mucho, debemos advertir que don Miguel y Bartolomé Aragón no eran amigos; y, según este último, la llegada a la casa fue a las cuatro y media.

En cuanto al entierro, *La Gaceta Regional de Salamanca* del día 2 de enero indica que el cortejo fúnebre estuvo encabezado por dos de los hijos, Fernando y Rafael. En representación de la Universidad estaban el rector, Esteban Madruga, y el exrector y decano de la Facultad de Filosofía y Letras, José María Ramos Loscertales. Los que portaron el ataúd fueron varios conocidos falangistas, de los que más adelante hablaremos. Los catedráticos Manuel García Blanco, Isidro Beato, Francisco Maldonado y Nicolás Rodríguez Aniceto llevaron los galones o cintas del féretro. Los cuatro, por cierto, habían apoyado el 14 de octubre su destitución como rector; suponemos que algunos lo harían forzados por las circunstancias.

Al margen de tales artículos de primera hora, el relato de la muerte de Unamuno tiene como fuente fundamental un texto escrito por el historiador José María Ramos Loscertales a partir del testimonio del propio Bartolomé Aragón, que apareció como prólogo a un libro de este último publicado unos meses después del luctuoso suceso, en mayo de 1937, bajo el rótulo de *Síntesis de economía corporativa*. Lleva el título de «Cuando Miguel de Unamuno murió» y va acompañado de un dibujo mortuorio del rostro de Unamuno de José Herrero Sánchez y precedido del poema que don Miguel había escrito treinta años antes, tal vez para sugerir que su autor había profetizado el día de su muerte y que, por tanto, esta era cosa del destino o de la providencia divina, sin injerencia humana. Está datado el 16 de enero de 1937, pero los detalles de lo supuestamente ocurrido pudo haberlos revelado Aragón la misma noche del 31 de diciembre en un texto que, según este, mecanografió en su habitación del hotel y entregó luego a Loscertales, que se había acercado hasta allí con la intención de ver al joven. Para estar tan afectado, la verdad es que Aragón se preocupó mucho de dejar constancia escrita cuanto antes de lo que había pasado. ¿Acaso temía olvidarlo?

Aparentemente, estamos ante un homenaje póstumo a Unamuno, pero algunas circunstancias indican que el texto podría obedecer a otras motivaciones, como la de apropiarse de su figura y librar a Bartolomé Aragón de las sospechas que pudieran haber recaído sobre él. De ahí que podamos considerarlo un relato propagandístico y exculpatorio. «Tanta rapidez en la redacción del prólogo y la publicación del libro a finales del mismo mes —escriben a este respecto Colette y Jean-Claude Rabaté en su ensayo *En el torbellino* (2019)— atestiguan el propósito de Ramos Loscertales de salir al paso de los rumores insistentes sobre el envenenamiento de Unamuno que circulaban por la ciudad, difundidos por una emisora republicana». Ignoramos de qué emisora pudo tratarse y qué es lo que transmitió exactamente. Sí sabemos de algunas publicaciones republicanas que se hicieron eco de las suposiciones que muchos lanzaron dentro y fuera de Salamanca, como la revista *Estampa* de Madrid, que el 30 de enero de 1937 da a la luz un artículo del abogado y escritor José Antonio Balbontín, titulado «Unamuno ha sido asesinado por los fascistas», en el que puede leerse:

> Dos compañeros de Salamanca —cuyas señas personales no podemos publicar, porque dejaron parientes en su tierra, y ya sabéis cómo las gastan los adoradores de la sagrada institución de la familia con los familiares de sus adversarios— nos aseguran que, según es público y notorio en toda la región salmantina, Unamuno murió asesinado de noche, en su propio hogar, por una cuadrilla de falangistas uniformados. Hay gente que lo vio y que podrá acreditarlo en su día.
>
> Este inmundo asesinato viene a probar, una vez más, que el fascismo no admite la menor discrepancia y castiga con la pena de muerte la más leve hostilidad, siquiera sea tan inofensiva como la de una paradoja unamunesca.

Los rumores continuaron tiempo después, como vemos en un reportaje publicado en el periódico *La Vanguardia* el 24 de agosto de 1938, donde se mezcla el incidente del 12 de octubre con la muerte de Unamuno, estableciendo entre ambos hechos una conexión directa:

> Además, la muerte de Unamuno. No fue solo el grito de «¡muera la inteligencia!». Fue peor. El día antes de la muerte de Unamuno, hubo agria discusión en el paraninfo de la Universidad de Salamanca porque Unamuno sostenía que no podía llamarse «rojos» a los españoles republicanos. Millán Astray le amenazó con una pistola, y hubieron de interponerse muchas personas para que no ocurriera allí lo que parece que ocurrió después, según parece, puesto que Unamuno dejó de vivir a las veinticuatro horas.

El relato, claro está, es absolutamente falso o fantasioso, pero no deja de tener su lógica narrativa.

Volviendo al prólogo de Loscertales, hay que decir que el texto no guarda ninguna relación con el contenido del libro, ya que, como reza el título, nos encontramos ante unos apuntes sobre economía corporativa. El propio Bartolomé Aragón reconoce al principio que son tan solo unas «notas y reflexiones escritas con motivo de una pensión obtenida [...] para realizar estudios en la Escuela de Ciencias Corporativas de la Universidad de Pisa». Su propósito inicial era servir de trabajo para unas oposiciones, por lo que no estaba destinado a publicarse. Después de una introducción al concepto de la economía política, pasa revista a los fundamentos filosóficos del corporativismo italiano, de orientación claramente fascista, lo que le permite establecer una analogía que se hace explícita en el epígrafe inicial: «Económicamente hablando, Corporativismo es a Italia lo que Nacional-Sindicalismo a España». Así que no es extraño que con el tiempo Aragón acabara convirtiéndose en un abanderado del nacionalsindicalismo en el Nuevo Estado franquista.

Pero, antes de seguir, recordemos quién era José María Ramos Loscertales (1890-1956). Según consta en la portada del libro, era catedrático de la Universidad de Salamanca, de Historia de España para ser más precisos, y antiguo colaborador del Centro de Estudios Históricos. Entre 1929 y 1931 había sido rector del Estudio salmantino. De ideología claramente conservadora, dejó su cargo cuando se proclamó la República, momento en el que fue elegido Unamuno, que ya había ocupado el puesto entre 1901 y 1914. Con la llegada de la guerra, Loscertales se convirtió pronto en un significado partidario del bando sublevado, para el que realizó diversas gestiones dentro del ámbito universitario y colaboró en algunos actos de adhesión. Sabemos, por ejemplo, que fue el principal redactor, junto con Teodoro Andrés Marcos, del «Mensaje de la Universidad de Salamanca a las academias y universidades del mundo acerca de la guerra civil española», aprobado el 26 de septiembre de 1936 por el claustro salmantino, presidido por Unamuno, lo que constituye una especie de apología y legitimación por parte de la Universidad de Salamanca del alzamiento militar, por su «defensa de nuestra civilización cristiana de Occidente». Don Miguel se limitó a firmar como rector lo decidido por el claustro. También será Loscertales el que, tras el incidente del paraninfo, encabezará dos días después una iniciativa para que el claustro de la Universidad proponga a Franco por unanimidad la destitución de Unamuno de su cargo de rector y nombre en su lugar a Esteban Madruga.

Conocidos estos antecedentes, ¿qué podemos esperar del relato de Loscertales sobre la muerte de Unamuno? Exagerando un poco, sería como si encargáramos el obituario de una persona a uno de sus rivales o enemigos. Por supuesto, en un momento así, este no se atrevería a hablar mal del finado, ya que sería muy poco cortés y elegante, amén de inoportuno, pero sin duda daría una visión muy interesada del mismo, ocultando unas cosas y magnificando otras según le conviniera en cada caso, y sus elogios no serían sinceros, sino que estarían envenenados. Pues algo parecido es lo que ocurre, en nuestra opinión, con este prólogo, que, como ya hemos dicho, constituye no solo una exculpación de Bartolomé Aragón, sino también una apropiación propagandística de la figura de Unamuno en favor de la Falange.

Pero vayamos al texto. Después de un párrafo de inflamada retórica, anuncia Loscertales: «Hoy solo contaré, para el mañana, sus últimos pasos dentro de la vida tal y como los he oído referir, emocionada y limpiamente, a este claro nacionalsindicalista meridional que es Bartolomé Aragón, ante el cual fue, como él gustaba decir, "brizado" por los dulces brazos de la Muerte». A continuación, trata de dejar claro que la muerte de Unamuno ha sido natural y algo esperado, a pesar de que él había afirmado sentirse bien:

Hacía ya un año que Unamuno decaía físicamente y de ello tenía plena conciencia. Le oí decir muchas veces: «Yo moriré como mi mujer, pero más deprisa, más deprisa». Luego, el natural temor a la Muerte le hizo enmascarar la conciencia de su proximidad con un rotundo: «Me encuentro mejor que nunca». Estas fueron, precisamente, las palabras con las que contestó al autor de este agudo libro el 31 de diciembre de 1936, a las cuatro y media de la tarde. Tras ellas sentose a la camilla para comenzar el último de sus monólogos.

Y esto fue lo primero que, al parecer, le dijo don Miguel: «Amigo Aragón, le agradezco que no venga V. con la camisa azul, como lo hizo el último día, aunque veo que trae el yugo y las flechas…». (De esta frase parece deducirse que el joven falangista visitaba con asiduidad a Unamuno. Pero no hay ninguna constancia, ni siquiera por parte del propio Aragón, de que hubiera estado con anterioridad en su casa, y menos de que tuvieran una relación estrecha). «Tengo que decirle a V. cosas muy duras y le suplico que no me interrumpa —prosigue Unamuno—. Yo había dicho que la guerra de España no es una guerra civil más, se trata de salvar la civilización occidental; después dijo esto mismo el general Franco y ya lo dicen todos». Y, según señala Loscertales, «hay más dolor y más amargura en los comentarios que acritud o dureza».

A continuación, Bartolomé Aragón le ofrece a Unamuno, no sabemos con qué intención, un ejemplar del periódico *La Provincia (Diario de Falange Española de las JONS)*, que él mismo había refundado y dirigido en Huelva unos meses antes y del que más adelante hablaremos, pues tiene gran interés. (Como veremos, en otras versiones dará otros motivos). Pero el escritor lo rechaza con firmeza: «"No quiero verlo, no quiero ver esas revistas de ustedes, porque… ¿cómo puede irse contra la inteligencia?" —"Don Miguel, Falange ha hecho un llamamiento a los trabajadores de ella" —"¡Cómo!" —"Sí, sí, lo ha hecho y le prestarán su apoyo, no lo dude V."». Y Loscertales, que no pierde ocasión de llevar el agua a su molino, se pregunta entonces: «¿Dudaba de ello el intuitivo formidable que fue Miguel de Unamuno? Lo creía en el meollo de su alma. Y lo creía porque lo esperaba». (De alguna manera, nos viene a decir que Unamuno era falangista sin saberlo, en lo más profundo de su ser, y que, al igual que ocurre con el protagonista de *San Manuel Bueno, mártir* —la analogía es nuestra—, dudaba, pero en el fondo creía en el ideario de José Antonio, porque lo deseaba, por amor a su pueblo, esto es, a España).

Y ahora viene la parte más importante: las últimas palabras de Unamuno y el momento del óbito. «Cuando un momentáneo desfallecimiento de su interlocutor le hizo decir: "La verdad es que a veces pienso si no habrá vuelto Dios la espalda a España disponiendo de sus mejores hijos", D. Miguel descargó un recio puñetazo sobre la camilla y exclamó: "¡Eso no puede ser, Aragón! Dios no puede volverle la espalda a España. España se salvará porque tiene que salvarse"». Dicho esto, Unamuno dio su último suspiro «de cara a Dios, a España y a Falange, que lo veía, doloridamente, morir entre sus brazos y que alzó sobre ellos, con un movimiento espontáneo y juvenil, sus restos, para llevarlos a la casa de Dios...».

El caso es que, según Loscertales, Unamuno murió como un buen falangista, suspirando por Dios y por España; de ahí que, como más adelante veremos, fuera enterrado con honores propios de un camarada fiel y leal. Sin embargo, lo primero que cabe preguntarse es si de verdad fueron las arriba citadas las últimas palabras de don Miguel. Dejando aparte las interpretaciones que cada uno quiera darles, resulta claro que, pronunciadas por Unamuno, esas frases no tienen mucho sentido, al menos en ese momento. Parecen más bien sacadas del ideario o imaginario de la Falange. No es que don Miguel no hubiera escrito o no hubiera podido decir algo parecido en alguna otra circunstancia o contexto, pero consideramos muy poco probable que lo hiciera justo en esa coyuntura, cuando estaba discutiendo sobre España, en plena guerra, con un falangista acérrimo. Así pues, ¿no sería más bien Unamuno, el gran cuestionador, el que se preguntó si Dios no le habría vuelto la espalda a España, a juzgar por como estaba siendo maltratada por sus supuestos salvadores? ¿Y no sería más lógico pensar que fue el joven y entusiasta falangista el que se mostró optimista y confiado en la ayuda de Dios y en la salvación de España? Al fin y al cabo, para eso se habían sublevado algunos militares, secundados enseguida por los falangistas, los tradicionalistas y la Iglesia, para salvar a España, a la que creían suya, aunque fuera a costa de matar o destruir a la otra mitad de los españoles, lo que ellos llamaban la «anti-España». Por otro lado, hemos de recordar que Dios y España eran los «dos principios fundamentales» que, como luego veremos, defendía el periódico de la Falange que Bartolomé Aragón había dirigido en Huelva, del que, según Loscertales, acababa de mostrarle un ejemplar. ¿A qué viene entonces tal inversión de papeles en esa escena final? ¿Por qué le atribuye Aragón —o quizás fuera Loscertales, con la aquiescencia del primero— a don Miguel sus propias palabras? ¿Acaso para hacernos creer que

Unamuno, contra toda evidencia y a pesar de todos los pesares, tenía fe no solo en Dios, sino también en la Falange? Él, que se pasó la vida dudando.

El libro se publicó, como hemos dicho, en Salamanca a principios de mayo de 1937 e imaginamos que no tuvo mucha circulación, dado lo arduo de su contenido. No obstante, el texto del prólogo fue reproducido luego en *La Gaceta Regional de Salamanca*, el 31 de diciembre de ese año, con motivo del primer aniversario de la muerte del escritor, y en el diario falangista *Arriba*, el 15 de junio del 39, con el título «De cómo murió en Salamanca aquel hombre», lo que sin duda debió de contribuir a la difusión del relato oficial, ese que, con algunas ampliaciones y matizaciones, ha llegado hasta nuestros días.

Por supuesto, fueron muchos los artículos que se publicaron en la zona ocupada por los sublevados sobre la muerte y el entierro de Unamuno. Por citar solo alguno, mencionaremos el de Antonio de Obregón, «Anecdotario de los últimos días de don Miguel de Unamuno», aparecido el 2 de enero de 1938 en el semanario madrileño *Domingo*, que por entonces se editaba en San Sebastián. Su autor había estado en la oficina de Prensa y Propaganda a las órdenes de Millán Astray y fue uno de los primeros falangistas que portaron el ataúd de Unamuno camino del cementerio. Según cuenta, se había pasado toda la noche velando el cadáver con otros camaradas. El que parece que no estuvo en el velatorio ni en el funeral ni en el entierro fue Bartolomé Aragón. Obregón se refiere a él como catedrático sin más, tal vez para prestigiarlo; en verdad lo era, pero de la Escuela Profesional de Comercio, no de la Universidad de Salamanca. Por otra parte, da como hora de la visita a Unamuno las cuatro de la tarde, y sobre el momento de la muerte escribe: «De pronto D. Miguel inclinó la cabeza y se puso intensamente pálido. Su interlocutor, pensando que se quemaba con el brasero, apartó la mesita de camilla y vio la zapatilla ardiendo… Se dio entonces cuenta que estaba sin sentido. Rápidamente llamó a la familia y poco después moría sin haber recobrado el conocimiento». Asimismo, comenta: «La muerte de Unamuno causó en el extranjero gran sentimiento… En cambio, la prensa y radio rojas dieron pruebas de su sordidez y de su brutalidad, arremetiendo contra el difunto e inventando las más absurdas patrañas. Se hicieron las más pintorescas suposiciones sobre su muerte. *L'Humanité* de París dio por seguro su asesinato por los falangistas. Los periódicos de Madrid y Barcelona decían lo mismo, y también la versión de que había muerto en la cárcel...». Años después, en 1963, Obregón insistió en el asunto en un artículo publicado en *ABC* con el título de «Un episodio histórico. Cómo murió Unamuno», que no añade nada nuevo; tan solo remacha el mismo clavo para darle más firmeza al relato. Pero si es verdad que Unamuno falleció de forma natural, ¿entonces a qué viene tanta insistencia en contarnos cómo murió?

Añadidos, lagunas, correcciones, matizaciones...

Con el tiempo, el relato oficial se fue completando con nuevas declaraciones de Bartolomé Aragón, aquí y allá, en las que añade algunos detalles que aumentan el dramatismo del momento o de las horas posteriores. Asimismo, se observan algunas incoherencias y contradicciones. En cuanto a los biógrafos y estudiosos de Unamuno, la práctica totalidad se atiene a la versión oficial. Emilio Salcedo, por ejemplo, se limita en su biografía a seguir el relato de Loscertales, con algunos añadidos o modificaciones, tal vez tomados de otras fuentes, como que Aragón alertó a la familia gritando: «¡Don Miguel, don Miguel!... ¡Yo no le he hecho nada!... ¡Yo no le he matado!». De los demás, tan solo algunos muestran ciertas reticencias, pero casi nadie ha cuestionado el relato ni se ha molestado en verificarlo o en tratar de investigar lo que verdaderamente sucedió. También la excelente y muy documentada biografía de Unamuno escrita por Colette y Jean-Claude Rabaté, dada a la imprenta en 2009, insiste en lo mismo, con más o menos matizaciones.

La única excepción es la de la hispanista norteamericana Margaret Thomas Rudd en su libro *The Lone Heretic: A Biography of Miguel de Unamuno y Jugo*, aparecido en 1963, con prólogo de Federico de Onís, admirador y discípulo de don Miguel en Salamanca, que, por cierto, no ha sido traducido al castellano, a pesar de ser la primera biografía que se publicó sobre Unamuno, lo que, a nuestro juicio, resulta muy revelador. Su autora tuvo una relación de cercanía con la familia gracias a la mediación de Onís, y, sin duda, es la que más se ha interesado por aclarar las circunstancias que rodearon la muerte del escritor. Con este fin se entrevistó con

Bartolomé Aragón, pero también con Felisa de Unamuno; con Aurelia, la sirvienta; con Pilar Cuadrado y su hijo Federico, vecinos del inmueble, y con el que fuera rector y amigo de Unamuno, Esteban Madruga.

De todo ello da cuenta la autora en el capítulo 28 de su libro, titulado «To sleep, perchance to dream» (Dormir, tal vez soñar). Tal y como señala en una nota a pie de página, visitó a Bartolomé Aragón en su casa de la calle Zorrilla de Madrid el 9 de junio de 1959. En la entrevista habló de su trayectoria, de sus intereses y de sus logros políticos y profesionales. En ese momento, acababa de volver de Italia, donde había asistido a un congreso de abogados especializados en economía, y le confesó a la hispanista que seguía profesando una completa admiración hacia aquel país y hacia Mussolini. Destacó también dos cosas que había llevado a cabo para la España de Franco: por un lado, su contribución a organizar la economía del país y, por otro, la fundación del Banco Rural en Madrid. No obstante, afirmó que prefería la guerra a la política. Con respecto al Movimiento, Aragón declaró que había sido lo mejor que le había ocurrido nunca a España. «¡Los otros estaban equivocados!», sentenció.

Según el propio Aragón, su primer encuentro con Unamuno había tenido lugar en la Universidad de Salamanca. Tras enterarse don Miguel de que el joven profesor estaba orgulloso de su formación en Pisa y de su admiración por el dictador italiano, lo agarró impulsivamente por las solapas y exclamó: «¡No me negará que Mussolini solo es un vulgar asesino!». A lo que Bartolomé replicó con firmeza: «Si eso es así, entonces necesitamos un vulgar asesino en España lo antes posible». (Como puede apreciarse, el joven profesor no se andaba con rodeos ni paños calientes; en todo caso, no parece verosímil que don Miguel lo agarrara por las solapas). Varios meses más tarde, coincidieron de nuevo en la universidad. Esta vez Unamuno le habló con amabilidad y lo invitó a dar un paseo. «Me gané su simpatía y parece que le gustó; así que decidí tratarlo de igual a igual», comenta Aragón.

Después, no volvieron a verse hasta el 31 de diciembre de 1936. Según Aragón, hacía algo más de un mes que había vuelto del frente de batalla para examinar a algunos estudiantes. (En los archivos de la Universidad de Salamanca no hay constancia de que, en ese período, llegara a realizar dicha actividad. Lo que sí está documentado y no cuenta es que participó en una comisión encargada de represaliar a los profesores y maestros de Salamanca). En cuanto a la tarde de ese último día, comenta que, antes de ir a ver a Unamuno, estuvo con el rector, Esteban Madruga, tomando café en la plaza Mayor. Tras su regreso de Italia, había escrito un informe acerca de sus estudios sobre corporativismo fascista y quería conversar sobre ello con don Miguel. Pero, sabiendo por experiencia lo que Unamuno pensaba de Mussolini y el fascismo italiano, ¿qué sentido tenía mostrarle el libro y pedirle su parecer? Por otra parte, Loscertales dice en el prólogo que lo que le mostró fue un ejemplar del periódico *La Provincia* de Huelva. Sea como fuere, no parece un asunto muy apropiado para tratar la tarde de un 31 de diciembre, máxime si tenemos en cuenta que Aragón llevaba ya unos cuarenta días en Salamanca. ¿Acaso quería discutir con Unamuno sus planteamientos? ¿O tan solo quería pedirle un prólogo para su obra? Eso sí que habría sido irónico, pues, como ya hemos indicado, don Miguel acabó siendo objeto del mismo.

El caso es que, según le cuenta a Margaret Rudd, había concertado una cita con Unamuno por teléfono a través de uno de los hijos de este, Rafael, esa misma mañana. Y la hispanista deja claro que era la primera vez que iba a la casa del escritor; no es cierto, por tanto, como sugiere el relato de Loscertales, que hubiera estado otras veces. Aurelia, la criada, acudió a abrir la puerta y lo condujo a la habitación de atrás, donde Unamuno lo aguardaba junto a la ventana que daba al jardín, sentado ante su mesa camilla. Después de pedirle que ocupara la silla de enfrente, este empezó a hablar y hubo un momento en el que la conversación derivó hacia José Ortega y Gasset. Luego Unamuno se enfadó y Aragón trató de calmarlo. (En el relato de los hechos no se dice nada sobre las últimas palabras de don Miguel). Al poco rato, el visitante comenzó a oler a quemado y vio cómo Unamuno se desmayaba y se desplomaba sobre la mesa. Aragón lo levantó y lo llevó hasta el sofá; fue entonces cuando descubrió que una de las zapatillas de don Miguel echaba humo. (En ningún momento menciona la inmediata llegada de María de Unamuno y de doña

Pilar, la vecina, atraídas por sus voces. Estas se encontraban en la vivienda contigua, como luego veremos).

Saltándose la rápida y confusa sucesión de hechos que debieron de venir a continuación, Bartolomé Aragón relató a Rudd que, cuando llegó el médico (no dice quién era ni entra en más detalles), este lo mandó a buscar una medicina. (¿Para qué, si Unamuno ya estaba muerto? Tampoco dice si volvió a la casa una vez cumplido el encargo). Por lo visto, aquella noche fue mucha gente a hacerle preguntas al hotel Novelty, donde estaba alojado. Eran tantos que, en un momento dado, se negó a ver a nadie más. Uno de los visitantes había traído la alarmante noticia de que la «radio roja» estaba difundiendo la noticia de que Unamuno había sido envenenado. Desesperado y asustado, se encerró en su habitación y mecanografió una relación de las circunstancias de la muerte de Unamuno y se la entregó a alguien; no se menciona a quién, pero suponemos que sería a Loscertales. Por la noche, desvelado, leyó el poema antes comentado y su carácter premonitorio debió de dejarle una impresión indeleble. (Este se encontraba en un libro publicado treinta años antes, en una edición poco difundida y con una tirada muy escasa. ¿Cómo es posible que el joven profesor tuviera justo un ejemplar de ese poemario en la habitación de su hotel? ¿Acaso lo llevaba oportunamente en el equipaje? ¿Se lo pasó alguien esa noche, tal vez el propio Loscertales cuando fue a visitarlo? ¿O se trata solo de una invención?).

Con el fin de ampliar el relato, la hispanista transcribe en inglés varios fragmentos del prólogo de Loscertales, y luego comenta: «Por alguna extraña coincidencia, Aragón regresó de la primera línea de una guerra sangrienta a la pequeña ciudad universitaria de Salamanca, en la ribera del río Tormes, para convertirse en el único testigo de la muerte de don Miguel de Unamuno y Jugo, la figura más influyente de España, de fama internacional...». Margaret Rudd imagina que Aragón abandonó Salamanca al día siguiente y que por eso no asistió al funeral ni al entierro. Pero sabemos que no fue así, que aún permaneció hasta finales de enero en la ciudad.

Tal vez insatisfecha con lo referido por Aragón, la hispanista trató de ampliar y contrastar sus palabras, hasta donde le fue posible, con otros testimonios. En Salamanca se entrevistó con Felisa, una de las hijas de Unamuno que vivían con él. Esta le dio cuenta de la ausencia del resto de la familia esa tarde, ya que era Nochevieja. Ella, en compañía de un vecino, había llevado a su sobrino Miguelín a ver los tradicionales nacimientos. Su hermana María estaba en casa de la vecina del rellano y propietaria de la vivienda, doña Pilar Cuadrado, ayudando a cuidar a su hija Paquita, que estaba enferma en la cama. La única que estaba en casa cuando llegó Aragón era Aurelia, la criada, que llevaba con la familia casi desde el nacimiento de Miguelín. Aurelia debió de abrirle y volver a la cocina, porque fue desde allí desde donde oyó gritar a Unamuno: «Dio voces», afirmaría esta. De modo que salió corriendo al pequeño patio al que daba la sala de estar y, al comprobar que don Miguel volvía a hablar con normalidad, regresó a su trabajo. En opinión de Felisa, el joven profesor tan solo se quedó con don Miguel unos quince minutos. «Entonces Aragón vio a mi padre desplomarse hacia delante y dio la alarma. Cuando regresé, tenían a mi padre en el sofá. Estaba muerto», señaló. (Según unas declaraciones recientes de Salomé de Unamuno, nieta del escritor, su tía le contó muchas veces que vio a Bartolomé Aragón gritando, fuera de sí: «¡Yo no lo he matado!», lo que coincide con otros testimonios). A juzgar por el relato de Felisa, María y doña Pilar acudieron enseguida a ver qué pasaba y, con la ayuda de Aragón, tendieron a don Miguel, ya inconsciente, en el sofá. Doña Pilar, que había sido la amiga más íntima de Concha Lizárraga, esposa del escritor, sostuvo la cabeza de aquel contra su pecho y en sus brazos dio, según ella, su último suspiro. (Todo esto contradice las declaraciones de Aragón, que parecían indicar que Unamuno ya estaba muerto cuando salió gritando por el pasillo, si bien comenta, como ya se ha dicho, que el doctor lo envió a buscar una medicina a una farmacia).

La noticia de la muerte de don Miguel se propagó enseguida por Salamanca y los preparativos de su funeral debieron de hacerse de forma más o menos precipitada. Entre otras cosas, los falangistas habrían pedido permiso a la familia para ser los portadores del féretro al día siguiente, camino del cementerio. Asimismo, se cuenta que el rector, Esteban Madruga, que no había podido acompañar a Aragón en su visita a la casa de don Miguel la tarde de su muerte por haber tenido que acudir a un funeral, recibió la fatal noticia cuando este terminó. En cuanto al entierro de Unamuno, la hispanista norteamericana se hace eco de la noticia aparecida en *La Gaceta Regional de Salamanca*.

Al año siguiente de la publicación del libro de Margaret Rudd, concretamente el 29 de septiembre de 1964, *El Adelanto* publicó un suplemento de cuatro páginas con motivo del centenario del nacimiento de Unamuno. En él se ofrece una entrevista a Felisa, que contesta a las preguntas del periodista en presencia de su hermano Rafael: «Ninguno de los dos estábamos en casa —señala, entre otras cosas—. Solo María. Bartolomé Aragón estaba hablando con nuestro padre, sentado en la camilla, leyéndole un libro que había escrito, cuando vio que nuestro padre se había caído sobre la camilla. Entonces llamó a María, que estaba en otra habitación, y comprobaron que había muerto. Nosotros nos enteramos poco después, a medida que íbamos regresando a casa». (En realidad, su hermana María estaba en casa de la vecina del rellano, como ya se ha dicho antes). En cuanto a las posibles causas de la muerte comenta:

> El día 15 de mayo de 1936, al cumplirse el segundo aniversario de la muerte de nuestra madre, fuimos al cementerio y al salir, ya fuera del recinto, al montar en el coche —¡no se me olvida!— se echó a llorar y nos dijo: «Pronto vendréis a verme a mí». Parece como si él no se sintiese ya muy bien y hubiera tenido esa rara impresión al contemplar la tumba de nuestra madre. Unido todo ello, claro está, a la lesión de arterioesclerosis que padecía, precipitadas sus consecuencias por todos los disgustos que sufrió en los últimos meses de su vida.

En ese mismo número encontramos unas declaraciones del rector de entonces y antiguo colaborador de Unamuno, Esteban Madruga:

> Desde aquella fecha [en que me nombró vicerrector] trabajamos juntos y unidos en pro de la Universidad, como verdaderos amigos y compañeros, y nuestra amistad no tuvo eclipse, ni fricción alguna, hasta su muerte, a la que no estuve presente por verdadera

casualidad, ya que había estado tomando café conmigo el único testigo presencial, don Bartolomé Aragón, y quería que le acompañase para enseñar a don Miguel el folleto que iba a publicar sobre Corporativismo, y, como en aquel momento tenía que asistir al entierro de la madre del magistral, doctor Albarrán, le dejé en la puerta de la casa de don Miguel y cuando volví había ocurrido el fallecimiento.

Parece confirmarse, pues, que lo que le mostró Aragón fue el original del libro que publicaría meses después con el famoso prólogo, lo que no quita para que también le llevara un ejemplar del periódico de Huelva, como apunta Loscertales, si bien habría que preguntarse de nuevo con qué objeto. Lo cierto es que ambas acciones carecen de lógica.

Por último, hay un artículo de Eugenio Montes donde se añade un leve detalle: «Parecía que se hubiese adormilado. El señor Aragón notó que una pantufla echaba humo, y dijo: "Se está usted quemando…"».

En una entrevista publicada en *La Gaceta Regional de Salamanca* con motivo del cincuentenario de la muerte de Unamuno, en 1986, Miguel de Unamuno Adarraga, hijo de Fernando, el primogénito de don Miguel, señala que su abuelo «murió repentinamente de un *derrame cerebral* mientras hablaba con una persona, un falangista. Algunos falangistas iban a verlo, todavía tenían la esperanza de convertirlo al falangismo. El hombre se asustó y salió gritando que él no había hecho nada; el ambiente de Salamanca era tal después de lo del 12 de octubre que se podía pensar hasta que lo podían matar».

Por otra parte, el 27 de diciembre de 1986 apareció en el suplemento «ABC Literario» del diario *ABC* un artículo firmado por el periodista Pérez Mateo con el siguiente titular: «"Yo vi morir a Unamuno". Bartolomé Aragón, testigo único». De él proceden las siguientes declaraciones, que en parte confirman, en parte contradicen y en parte amplían testimonios anteriores. Aragón comienza relatando su primer encuentro con Unamuno en el salón de claustros de la Universidad de Salamanca: «Conocí a don Miguel un buen día en que asistí al claustro de profesores. Yo impartía clases como auxiliar de la Facultad de Derecho y tardé unos días en presentarme al rector. En esa reunión me encontré, pues, con Unamuno. Por decirlo llanamente: le caí muy bien a don Miguel». (Por otros testimonios, sabemos que Bartolomé tenía cierto encanto personal y solía impresionar favorablemente a los que hablaban con él).

«Era un personaje difícil, a quien le gustaba que le llevasen la contraria —prosigue Aragón—. Ese día que nos vimos por primera vez, discutimos mucho. Acababa yo de regresar de Italia, donde había estado becado, y don Miguel tenía opiniones muy distintas respecto a las mías de ese país. Recuerdo que echó pestes de Mussolini». (Omite en esta ocasión lo de que Unamuno lo agarró por las solapas).

«Durante el mes de diciembre de 1936 me encontraba en Jaca, de teniente, y a causa de unos exámenes, volví a Salamanca». (Como luego veremos, esto no fue así. Llegó a Salamanca hacia el 20 de noviembre procedente de Huelva, no del frente del norte; y tampoco era teniente; no lo sería hasta abril de 1938. ¿Se trata de un lapsus, de un olvido o de una maniobra para sembrar confusión y borrar su rastro? Como ya hemos dicho, no está claro que fuera solo a examinar; de hecho, según Antonio Heredia Soriano, del que ahora hablaremos, no examinó a nadie durante los días que permaneció en Salamanca).

«Conocía el incidente de Unamuno con Millán Astray y pensé que estaría muy solo. Y quise verle». (Es la primera vez que Aragón apunta esa motivación. ¿Hasta qué punto está siendo sincero? No menciona, sin embargo, lo del libro, que, como ya hemos visto, sí aparece en otras declaraciones, aunque no en el prólogo de Loscertales).

«Le llamé por teléfono, y su hijo Rafael, que atendió la llamada, me dijo que no quería que le visitara nadie, pero que, tratándose de mí, haría una excepción». (¿Por qué iba a hacerla? ¿Qué le dijo a Rafael para que aceptara? ¿Acaso era amigo o contertulio de Unamuno? Tan solo lo había visto un par de veces; las dos antes del 12 de octubre y fuera de su casa).

«Serían las cuatro y media de la tarde, cuando entraba en la casa de don Miguel. Hacía mucho frío ese último día del año de 1936. Unamuno decaía físicamente. "Yo moriré como mi mujer

—decía—, pero más deprisa, más deprisa"». (Loscertales cuenta en su prólogo que fue él el que se lo había oído referir muchas veces a Unamuno, no Aragón, que ahora hace suyo este recuerdo como si lo hubiera interiorizado como tal, algo que nos parece muy significativo).

«Recuerdo que, antes de sentarnos, me dijo: "Me encuentro mejor que nunca". Yo le llevaba un ejemplar de *La Provincia de FE*, que había refundado en Huelva. Don Miguel me dijo: "No quiero verlo, no quiero ver esas revistas de ustedes, porque, ¿cómo se puede ir contra la inteligencia?". Entonces le contesté: "Don Miguel: ¡Falange ha hecho un llamamiento a los trabajadores de ella!". Y él preguntó: "¿Cómo?". "Sí, sí —añadí—, lo ha hecho y les prestarán su apoyo, no lo dude usted"». (Todo esto parece sacado literalmente del prólogo de Loscertales, como si lo hubiera copiado o memorizado para la ocasión; se supone que, si se hubiera limitado a evocar lo sucedido, lo habría hecho con otras palabras).

«Me habló de Ortega y de su marcha, y apenas verme me dijo: "Amigo Aragón: le agradezco que no venga usted con la camisa azul, como lo hizo el último día, aunque veo que trae el yugo y las flechas. Tengo que decirle a usted cosas muy duras y le suplico que no me interrumpa. Yo había dicho que la guerra de España no es una guerra civil más, se trata de salvar la civilización occidental; después dijo esto mismo el general Franco y ya lo dicen todos"». (Salvo la mención de Ortega, el resto de nuevo parece copiado literalmente del relato de Loscertales. Recordemos que el filósofo madrileño sí aparece mencionado en sus declaraciones a Margaret Rudd).

«Yo encontraba en las palabras de don Miguel más amargura y dolor que acritud. En un momento de la charla le dije: "La verdad es que a veces pienso si no habrá vuelto Dios la espalda a España disponiendo de sus mejores hijos". Entonces, don Miguel dio un puñetazo sobre la camilla y exclamó: "¡Eso no puede ser, Aragón! Dios no puede volverle la espalda a España. España se salvará porque tiene que salvarse"». (Una vez más, sus palabras siguen fielmente el prólogo de Loscertales, más que el dictado de su propia memoria, como si el relato hubiera suplantado sus recuerdos. Es verdad que la base del prólogo se la había suministrado en su día Aragón, pero sorprende tanta literalidad).

En este punto, el periodista comenta, en su única intervención en todo el artículo, que Bartolomé Aragón llevaba una hora conversando con Unamuno y que este parecía encontrarse bien; recordemos que Felisa le dijo a Margaret Rudd que tan solo hablaron durante quince minutos, si bien es cierto que ella no estaba en la casa. «Sin embargo, observé, en un determinado momento —explica Aragón—, que don Miguel palidecía, vacilaba. Todo ocurrió en un segundo. Percibí que del brasero emanaba un extraño humo; y creí que, en un principio, el tufo le estaba mareando. Estaba en un error. Sus piernas se le aflojaron y las introdujo en el brasero. Todo sucedió muy rápidamente. En ese instante me levanté y pedí auxilio. Vino la criada y con su ayuda le cogimos y dejamos su cuerpo sobre un diván». (Esto difiere de lo que le contó a la hispanista norteamericana, pues allí no menciona a la doméstica; y recordemos que tampoco habla de María ni de doña Pilar, que, según Felisa, acudieron nada más escuchar sus gritos y ayudaron a Aragón a trasladar a Unamuno al diván).

«Yo estaba estremecido ante la escena. Inmediatamente llegó un médico, quien me indicó que le trajera una medicina; medicina que adquirí en una farmacia de la plaza Mayor. El médico pudo ser don Filiberto Villalobos, exministro, que vivía muy cerca de la casa de Unamuno». (Es la primera vez que aventura el nombre del médico, pero se equivoca totalmente, pues en aquel momento el doctor Villalobos, político liberal y centrista muy conocido, estaba en la cárcel; entró en ella en agosto de 1936 y no salió hasta julio de 1938. ¿Cómo pudo cometer Aragón ese error? ¿Podría ser algo intencionado? Por otra parte, parece que no le sorprende que, estando muerto ya Unamuno, lo mande a buscar un medicamento. Tampoco sabemos qué paso con este, una vez conseguido).

«El doctor, en vista de mi nerviosismo, me recomendó que me marchara a descansar, lo que hice, con prontitud. Esa noche, en una cama del hotel Novelty, sin poder conciliar el sueño, cayó en mis manos un poema que había escrito Unamuno el 31 de diciembre de 1906, treinta años antes de su muerte, y a la misma hora. Toda una premonición». (¿Cómo pudo ir a parar a sus manos un texto tan oportuno? ¿Por qué no se menciona este detalle en el prólogo de su libro, donde, por cierto, se reproduce íntegramente el poema?

Es muy posible que, con el paso de los años, Aragón fuera adornando su relato con detalles que añadían un cierto dramatismo).

Ocho meses antes de la publicación de ese artículo, en abril de 1986, el estudioso de Unamuno y catedrático de Filosofía del Derecho Elías Díaz tuvo un encuentro con Bartolomé Aragón. Su entrevista estaba motivada más por la curiosidad personal que por el afán de hacer una investigación, pero tomó algunas notas de la conversación, de las que nos ha hecho partícipes. Admirador y buen conocedor de Unamuno, le interesaba, sobre todo, el cambio operado en su pensamiento durante sus últimos meses y quería conocer de primera mano cómo había muerto. Su interlocutor le pareció un hombre de gran personalidad, muy agradable y hasta encantador. Por lo demás, no sabía nada de su pasado antes de diciembre de 1936, salvo su condición de falangista y su fascinación por la Italia de Mussolini, ni de su carrera posterior, una vez acabada la guerra. Entre otras cosas, Bartolomé le contó que, cuando conoció a Unamuno en la Universidad, se produjo cierto roce entre ellos, debido a que acababa de volver del frente del norte, donde había estado a las órdenes del general Mola, y, en cuanto don Miguel escuchó ese nombre, saltó como un resorte. (Esto último no sucedió así; en primer lugar, porque en otras declaraciones sitúa ese encuentro antes de la guerra, cuando aún estaba reciente su estancia en Pisa, y, lo más importante, porque, cuando llegó a Salamanca en noviembre del 36, venía del frente del sur, como se puede comprobar en su expediente militar —del que luego hablaremos—, conservado en el Archivo Militar de Ávila. Allí dice, por ejemplo, en una declaración jurada fechada en 1975: «Permanecí en el frente de Riotinto desde el 15 de agosto de 1936 hasta enero de 1937». No obstante, como veremos, en otro documento de su expediente se le sitúa en el frente de Córdoba en esas mismas fechas. Y nunca, como es natural, a las órdenes de Mola, que, en efecto, estaba en el frente del norte).

En otro momento, Elías Díaz le preguntó, sin ninguna intención oculta, si le había llevado algún regalo a Unamuno, dada la fecha en la que había tenido lugar la visita. Aragón arrancó a reír a carcajadas y le contestó: «Yo sé por qué lo preguntas. No le llevé nada de beber, no lo envenené, aunque hubo gente que lo pensó.

Yo le quería mucho». Dicho esto, le refirió con cierta emoción cómo fueron los últimos momentos de vida de Unamuno, con detalles ya conocidos, como que se le cayó lentamente la cabeza hacia abajo, hacia la mesa de camilla, y que, tras oler a quemado, descubrió que era una de las zapatillas. Después salió a pedir auxilio.

Algo muy parecido le contó tiempo después al escritor Carlos Rojas cuando este preparaba su libro *¡Muera la inteligencia! ¡Viva la muerte! Salamanca, 1936*, publicado en 1995.

La última noticia de Bartolomé Aragón nos la da el catedrático de Filosofía de la Universidad de Salamanca Antonio Heredia Soriano, en un artículo publicado en el año 2000 en la revista *Naturaleza y Gracia*. En este caso se trata de una semblanza y de una especie de homenaje póstumo a quien, según reza el título, fuera el «último interlocutor de Unamuno», muerto en 1999, a sus noventa años. En él, por cierto, el autor se muestra muy crítico con el libro de Margaret Rudd y no se recata en señalar numerosos errores. Pero el grueso del artículo lo constituye un «apunte biográfico salmantino» que, en nuestra opinión, adolece de cierto sesgo apologético. De todas formas, hemos de reconocer que contiene abundante información, en parte poco conocida, si bien también presenta algunas omisiones.

Aparte de otros documentos, las fuentes fundamentales de su trabajo son las entrevistas mantenidas con Aragón el 23 de diciembre de 1996 y el 28 de enero del año siguiente, así como un texto inédito de este titulado *Raíces de España* —del que se ofrecen algunas citas y comentarios—, que, según Heredia, es «una especie de recorrido histórico por nuestra vida colectiva, poniendo énfasis en la íntima unidad *real*, social, entre sus pueblos». Por lo visto, Aragón «comienza su escrito recordando su juvenil etapa salmantina y sus encuentros con don Miguel y lo termina dedicándole el único poema que compuso en su vida», si bien el propio Heredia reconoce que en sus evocaciones hay «fallos de memoria por superposición y mezcla de hechos». Por otra parte, cabría hablar también de un intento por parte de Aragón de blanquear o dulcificar su pasado, como cuando dice que «metido en el trabajo de la Escuela y de la Universidad y la preparación de nuevas oposiciones, estalló la maldita guerra de 1936». ¿De verdad está siendo sincero al calificar de «maldita» una guerra en la que se alistó de forma voluntaria y en la que participó de manera activa, con pleno convencimiento, dado que la creía legítima y necesaria? Ni siquiera Heredia se lo cree, aunque él piensa que lo dice porque «la guerra frustró planes de ejecutoria personal». A juzgar por los resultados, más bien parece que le abrió nuevos horizontes y perspectivas. Recordemos, por otra parte, que en sus declaraciones a Margaret Rudd afirmó con rotundidad que prefería la guerra a la política.

Sobre el propósito de su visita a Unamuno, con el que, en opinión de Heredia, llegó a trabar «una cierta y curiosa amistad», escribe Bartolomé Aragón: «Sentí verdadera necesidad de estar al lado de don Miguel y solicité, por teléfono, de su hijo Rafael, si podría ir a saludarle. La contestación fue, como siempre, de lo más cordial». (Una vez más, se insinúa que no era la primera vez que lo visitaba). Asimismo, señala que lo encontró «extremadamente afectado en su camilla», aunque Unamuno quiso hacerle creer que su salud era excelente. (Llama la atención la insistencia por parte de Aragón en que no era buena).

Más interesante todavía resulta ver cómo Aragón, en un pasaje de su texto inédito, hace suyas —de forma harto sospechosa— aquellas palabras que, según él, pronunció Unamuno antes de morir: «Hoy, cargado de años, tengo la misma fe y confianza de que España se salvará, porque tiene que salvarse, que tenía don Miguel el día 31 de diciembre de 1936». (En nuestra opinión, esto podría significar algo que ya imaginábamos desde el principio: que las últimas palabras supuestamente pronunciadas por Unamuno podrían ser en realidad obra de Bartolomé Aragón).

Heredia, por otra parte, insiste en que, gracias a este, sabemos que Unamuno murió sin agonía, como ya había dictaminado en su momento Ernesto Giménez Caballero. Por último, comenta: «No sé si Aragón asistió o no al funeral y entierro de don Miguel. Probablemente no se lo permitió su estado de ánimo. La fuerte impresión sufrida al recoger el cadáver del exrector y los bulos que podían correr, y de hecho corrieron, sobre las causas de su muerte, le apartaron tal vez de aquellas ceremonias religiosa y política». Es una pena que, para confirmarlo, no se lo preguntara al propio Bartolomé Aragón cuando tuvo la oportunidad.

¿Un cuento de Navidad? ¿Un drama de mesa camilla?

Aparte de otras consideraciones, la aquí llamada versión oficial de la muerte de Unamuno parece un cuento de Navidad, un cuento dickensiano con nieve y frío en el que un joven falangista va a visitar a un viejo y solitario cascarrabias para hacerle compañía la tarde de Nochevieja y, durante su encuentro, este último discute, protesta y se lamenta por la situación de su patria, pero al final tiene una revelación, recupera su fe en Dios y en las bondades de la Falange y muere plácidamente antes de acabar el año, mientras en un primer plano vemos arder una humilde zapatilla de andar por casa sobre las cenizas de un brasero, símbolo del hogar y de la nueva España que ya se vislumbra en el horizonte.

En términos teatrales, estaríamos ante un melodrama o, mejor, ante una escena propia de eso que algunos críticos y autores llaman un drama de mesa camilla, cuya quintaesencia en tiempos de Unamuno eran las obras de Jacinto Benavente, un autor de su misma generación. Parece ser que fue otro coetáneo, Ramón María del Valle-Inclán, el gran renovador del teatro español en las primeras décadas del siglo xx, el que pudo haber acuñado o sugerido tal expresión. Como es sabido, la mesa camilla simboliza la vida prosaica y vulgar; por eso forma parte de la escenografía de tantas obras realistas y costumbristas del momento. Si a eso añadimos el brasero de cisco y las zapatillas de fieltro, tendremos ya el cuadro completo. Y con todo ello se nos viene a sugerir que la muerte de Unamuno fue apacible y tranquila, doméstica y burguesa, sin agonía y sin épica, como una vela o una bombilla que se apaga de repente; una muerte, por tanto, impropia de un hombre agónico y valiente que se pasó la vida luchando contra todo y contra sí mismo. Un final antiheroico, en definitiva, carente de grandeza y heroísmo, que, en lugar de redimirlo y rehabilitarlo ante los demás, lo confirmaba en su condición de traidor a la República y lo convertía para siempre en algo que nunca fue y que siempre combatió, un filofascista.

Es posible que el primero en hablar públicamente de la muerte de Unamuno y de incidir en su simbolismo fuera uno de los principales y más eficaces colaboradores de la oficina de Prensa y Propaganda del bando sublevado, nada menos que el segundo de a bordo, el escritor falangista Ernesto Giménez Caballero, precursor del fascismo español y antiguo impulsor de las vanguardias patrias. Por lo que sabemos, la misma noche del fallecimiento leyó por la radio una necrológica que, entre otras cosas, decía:

> Ha muerto don Miguel de Unamuno en Salamanca, en el último instante del año 1936. Tal instante simbólico y la manera suave y súbita de morir me pareció dar a esta muerte como un sentido, algo así como si respondiese a una llamada misteriosa y divina.
>
> Dios ha sido piadoso con don Miguel de Unamuno. Tenía la angustia y obsesión de la muerte. Su vida y su obra no fueron más que una atormentada agonía contra la muerte, por el ansia de sobrevivir y de que no se deshiciera su yo y su persona. Su personalidad. A un hombre que había ya sufrido una larga agonía durante todo su vivir, Dios le concedió no tenerla a la hora de la muerte. […]
>
> Murió sin agonizar. Sin lucha. Sin tormento. Él, que era un constante atormentado. Murió en paz. Él, que siempre vivió en guerra.

El texto de esta alocución salió publicado dos días después en *El Adelanto*, de Salamanca, y en *Imperio*, diario de Falange Española de las JONS de Zamora, con el título de «En la muerte de D. Miguel de Unamuno», de donde hemos sacado la cita.

Parece, pues, como si el destino y la Providencia se hubieran aliado para que don Miguel muriera en esa fecha tan cargada de simbolismo, sobre todo para él, y lo hiciera en paz, sin agonía ni tormento, justo al contrario de como había vivido siempre. Esa sí que es una tremenda paradoja, muy acorde con el título de su primera novela, *Paz en la guerra*. Pero ¿de verdad fue así como murió? ¿No parece más bien una escenificación? ¿No resulta todo demasiado oportuno y como a propósito? De entrada, es muy llamativo que detrás de ese relato y de algunas de las circunstancias que rodearon la muerte y el entierro de Unamuno estén personas del entorno directo de los sublevados, casi todas muy ligadas al aparato de Prensa y Propaganda, dirigido, no lo olvidemos, por el fundador de la Legión, cuya misión principal era falsificar la realidad y adaptarla a sus intereses.

Según recuerda Luciano González Egido en su conmovedor libro *Agonizar en Salamanca*, Giménez Caballero, tras enterarse de la muerte de Unamuno, les dijo esa Nochevieja a sus camaradas del palacio de Anaya, sede de la oficina de Prensa y Propaganda: «Las máquinas de escribir tienen que disparar toda la noche como ametralladoras». La imagen no puede ser más gráfica, contundente y reveladora. Pero ¿a qué venía tanta prisa y tanto celo en una fecha como esa? La orden procedía, claro está, de su superior, Millán Astray, el gran director de escena, que entre otras cosas le había pedido al propio Giménez Caballero que redactara un artículo para que se radiara y se publicara en varios periódicos de la zona ocupada por los militares golpistas, como acabamos de ver.

Al final todo este relato tan bien orquestado nos ha distraído y no nos ha dejado contemplar la gran tragedia que había debajo; el árbol de la propaganda desplegada por los falangistas nos ha impedido ver el bosque de lo que en verdad le sucedió a Unamuno. Él, que se había pasado la vida construyendo su personaje —«Yo soy mi creador y mi criatura», proclama, a este respecto, en uno de sus poemas—, volcándose para ello en la escritura, tratando de existir e inmortalizarse en la palabra, en sus obras, en sus personajes, tuvo la inmensa desgracia de que fueran otros —los *hotros*— los que, con intención aviesa, escribieran para el mundo la última escena de su vida, tal vez la más importante, la de su último parlamento y su mutis por el foro, una vez concluida la obra, justo antes de que cayera sobre su figura el negro telón de la muerte y sobre su ataúd la bandera con el yugo y las flechas de la Falange.

La aquí llamada versión oficial de la muerte de Unamuno no es, pues, más que un relato claramente propagandístico que pretende apropiarse de su figura y secuestrar su memoria, convirtiéndolo en un falangista, como siempre habían deseado. No en vano los autores de tal usurpación eran colaboradores de los sublevados y miembros de la organización fundada por José Antonio. Y es que la historia, como ya sabemos, la escriben siempre los vencedores. Ellos deciden qué es lo que hay que recordar y qué es lo que hay que olvidar, pues son los dueños del relato. El de la muerte de Unamuno se impuso desde el primer momento, y con el paso del tiempo, a fuerza de repetirlo, se fue consolidando y consagrando, sin que casi nadie haya querido o sabido refutarlo. Es más: todavía son muchos los que hoy, tras el estreno del documental *Palabras para un fin del mundo*, se han lanzado de inmediato a defenderlo y a apuntalarlo desde uno y otro lado y a echar de nuevo tierra sobre el asunto, descalificando y menospreciando al director y guionista. Parece como si hubiera una resistencia a indagar en este aspecto.

Ya lo dijo Joseph Goebbels, ministro de Propaganda de Hitler, uno de los grandes referentes de los fascistas españoles, del que de vez en cuando aparecía algún artículo traducido en el periódico de Huelva que Bartolomé Aragón llegó a dirigir: «Una mentira repetida adecuadamente mil veces se convierte en verdad». Y una vez que la mala hierba echa raíces y trepa por el muro de la historia, ya es muy difícil desarraigarla, y más cuando se trata de una mentira entreverada con algo de verdad, como sucede en el célebre cuento de Jorge Luis Borges titulado «Emma Zunz», aquel en el que la protagonista «repitió lo que tantas veces repetiría, con esas y con otras palabras. [...] La historia era increíble, en efecto, pero se impuso a todos, porque sustancialmente era cierta. [...] Solo eran falsas las circunstancias, la hora y uno o dos nombres propios».

Duelo en el paraninfo o el fantasma de José Rizal

Para entender y valorar como es debido las circunstancias que rodearon la muerte de Unamuno, hay que examinarlas en su contexto, esto es, a la luz de lo acontecido en los primeros meses de la Guerra Civil y de la relación ambigua y contradictoria que Unamuno mantuvo con los sublevados en una Salamanca en la que Franco, como jefe del Estado y Generalísimo, acabará instalando su cuartel general y poniendo al frente de la oficina de Prensa y Propaganda a Millán Astray.

En este marco espaciotemporal hay un hecho que destaca por encima de todos, y no solo por su enorme significado simbólico, sino también por las graves consecuencias que tuvo para Unamuno. Se trata del ya mencionado incidente del 12 de octubre. Sobre el asunto se ha escrito mucho desde una perspectiva u otra. Magnificado, sublimado y hasta mitificado por unos; minimizado, desmitificado y puesto en cuestión por otros; cada uno lo ha contado, leído e interpretado como ha querido, según su conveniencia. Algunos han tratado de ver en ello un símbolo del enfrentamiento entre las palabras y las armas, la razón y la violencia, la civilización y la barbarie, la libertad y el fascismo…, conceptos encarnados, respectivamente, por Unamuno y Millán Astray. Otros, sin embargo, lo reducen a un mero encontronazo protagonizado por esos dos grandes egos tan histriónicos, al margen de cualquier otra consideración política, ideológica o moral. Pero, sin duda, fue mucho más que esto, y la prueba está en que los sublevados lo silenciaron y ocultaron de inmediato, como si no hubiera ocurrido; no en vano el fundador de la Legión era un experto en fabricar consignas y en acallar voces.

¿Qué ocurrió ese 12 de octubre? ¿Qué fue lo que dijo exactamente don Miguel? Recordemos que el discurso de Unamuno fue improvisado y no quedó registrado en ninguna parte; tampoco fue radiado ni difundido a través de los altavoces de la plaza Mayor, como sí lo fueron otras intervenciones, pues don Miguel no habló desde el atril, que era donde estaba el micrófono. De modo que no hay constancia documental. Por suerte, desde hace muy poco contamos con una versión muy fidedigna de lo que allí pudo suceder, de la mano de alguien que estuvo presente en el acto y que por la tarde tomó buena nota de lo que acababa de ver y escuchar en el paraninfo. Nos referimos al entonces catedrático de Derecho Civil de la Universidad de Salamanca Ignacio Serrano Serrano. Su texto ha permanecido oculto durante más de ochenta años y se dio a conocer de forma facsimilar, sin transcripción ni comentario, en un anexo a la mencionada edición de *El resentimiento trágico de la vida*.

Por esta reseña del acto sabemos con certeza que el detonante del enfrentamiento con Millán Astray no fue el discurso de Unamuno en su conjunto, sino la mención de José Rizal, del que ya hemos hablado aquí. En efecto, el fantasma de Rizal sobrevoló el ambiente ya de por sí muy caldeado del paraninfo, pues estaba lleno de falangistas y militares armados. Sin embargo, se da la circunstancia de que en buena parte de los testimonios o de las reconstrucciones que se han hecho de la intervención de Unamuno no aparece ninguna referencia al héroe filipino, como si su nombre hubiera sido olvidado o silenciado. Así ocurre, por ejemplo, en la versión más divulgada desde el lado republicano, la de Luis Portillo, si bien es cierto que en su caso se trata de una ficción literaria sin pretensiones de veracidad histórica, aunque fuera luego utilizada como un supuesto documento fidedigno por algunos historiadores, como Hugh Thomas. Pero lo cierto es que ahí Rizal brilla por su ausencia.

Más llamativo es el caso de la biografía escrita por Emilio Salcedo, donde de forma muy significativa se ha llegado a borrar la palabra «Rizal» no solo de la versión que da del discurso de don Miguel, sino también de la reproducción facsimilar de las famosas notas pergeñadas por Unamuno con precipitación en una carta que, a modo de recordatorio, llevaba en el bolsillo. Dicha misiva se la había enviado días antes la esposa del pastor protestante Atilano Coco, encarcelado por los sublevados por ser masón, y en la parte izquierda del reverso don Miguel había ido anotando lo siguiente:

> Guerra internacional occidental cristiana
> Independencia
> Vencer y convencer
> Odio y compasión ni la mujer
> Odio inteligencia que es crítica diferenciadora inquisitiva no inquisidora que es examen
> Lucha, unidad catalanes y vascos
> Cóncavo y convexo
> Imperialismo lengua
> Rizal

El hecho de que esta última palabra haya sido eliminada —y así sigue en la tercera edición, corregida, de 1998— nos parece una acción deliberada por parte de Emilio Salcedo o de quien le suministrara el documento, pues es el único término que falta, dejando en el lado inferior izquierdo de la cuartilla un ostensible hueco en blanco. ¿Por qué razón? No lo sabemos. Por otra parte, sorprende comprobar que Andrés Trapiello, en su valioso ensayo de referencia *Las armas y las letras* (la última edición, revisada y ampliada, es de 2019), tampoco nombra a Rizal a propósito del 12 de octubre, y, además, incluye la reproducción de las notas de don Miguel utilizada por Salcedo, en lugar de acudir al original, conservado en la Casa-Museo Unamuno. Y ello a pesar de que la mención de Rizal fue lo más grave y atrevido de la intervención de Unamuno, lo que de verdad sublevantó a Millán Astray.

Esto es lo que dice sobre el discurso del primero y la réplica del segundo Ignacio Serrano en sus notas, que, por su gran interés, reproducimos en su integridad:

> Después de un acto magnífico por los discursos de Maldonado y Pemán (los de Ramos y P. Beltrán de Heredia resultaron menos vibrantes) tomó la palabra D. Miguel de Unamuno para decir que

él era vasco por los cuatro costados y que había venido a Castilla para enseñar el castellano. Que era preciso imponer una paz porque lo mismo que las mujeres rojas alardean de todos los crímenes y maldades, hay también quienes se regodean entre nosotros con el espectáculo de los fusilamientos.

Hay que darse cuenta [de] que vencer no es convencer y que en último término eso que se llama la anti-España (idea esta superficial) también es España y advierte contra el riesgo de caer en una unidad en la ramplonería.

Que también era español el filipino Rizal, que se despidió de la vida con unas palabras en español.

Las palabras de Unamuno produjeron impresión e indignación. Íscar hizo un gesto como diciendo ya va a estropearlo y Unamuno dijo: «¡Ah, sí, sí, sé lo que me digo!».

Al terminar Unamuno, el general Millán Astray preguntó si podía hablar y aquel dijo: «Entonces va a hablar todo el mundo». No obstante, habló en términos enérgicos, diciendo que los catalanistas morirán y los que pretendan enseñar teorías averiadas morirán también. Terminó con varios vivas y mueras, entre ellos un abajo la intelectualidad… (el adjetivo no se oyó ni el público lo quiso oír; le bastaba lo que había entendido). Después dio vivas a Franco.

Las palabras de Millán Astray resultan estremecedoras, y más si tenemos en cuenta que son la respuesta a la intervención de Unamuno. A continuación, añade el profesor Serrano: «Unamuno llevaba guion escrito de sus palabras y lo consultaba para no decir más que lo que había pensado. De Millán Astray me cabe la duda de si llevaba el propósito de hablar, porque, cuando empezó, un legionario que estaba al lado le dio un vaso de agua».

Pero el catedrático de Derecho Civil no se limita a reseñar el acto, sino que también hace algunos comentarios:

> Unamuno fue imprudente e inoportuno y al final antipatriota, pero no todo lo que dijo es censurable; unas cosas porque son verdad (el público que presencia los fusilamientos) y otras porque son materia opinable (lo de que vencer no es convencer y lo de que hay

Álbum fotográfico

Auswärtiges Amt

Kult. Gen.

Akten

betreffend:

Nobelpreis

Politisches Archiv des
Auswärtigen Amts

R 61265

Band 2

Fortſ. Band

von II Ur 8317 19 33.
bis Kult Gen 462 19 39

Generalia

Die Akte lien bis zum 31.12.37.
Korleschul. 86.

Abgeschloſſen am 12. Juli 1939
Fortſ. s. Generalia 7 Band 3

6

Betrifft: Nobelpreis für Unamuno.

Miguel de Unamuno, für den die Universität Salamanca den diesjährigen Nobelpreis beantragt hat, gehört ohne Frage zu den bedeutendsten und interessantesten Vertretern spanischer Geistigkeit und spanischen Denkens. Wie fast alle spanischen Intellektuellen hat auch er stets zu den Fragen der inneren und äusseren Politik des Landes Stellung genommen. Doch hat seine Leidenschaftlichkeit und sein fast krankhaftes Streben nach Originalität eine längere Zeit dauernde Meinung und Stellungnahme nie zugelassen. Seine politischen Ansichten sind eigentlich nur unter der Diktatur Primo de Riveras wegen ihres oppositionellen Charakters ernst genommen worden.

Trotzdem würde es m.E. ein grosses Versehen sein, wenn von deutscher Seite aus der Bitte der Universität Salamanca, ihren Antrag zu unterstützen, entsprochen würde. Während des Krieges hat Unamuno in so eindeutiger Weise gegen Deutschland und für die interalliierten Mächte Stellung genommen, dass er nicht nur als der geistige Träger des Kampfes gegen Deutschland, sondern auch als die Seele der deutschfeindlichen Stimmung in Spanien, namentlich unter den intellektuellen Kreisen, angesehen werden muss. Noch in der Nummer vom 12. April 1935 konnte der Pariser Berichterstatter des ABC aus Anlass eines Vortrages von Unamuno in Paris schreiben, dass zu dem Vortrag französische Gelehrte von Rang nich erschienen waren, obwohl Unamuno dem spanischen Volke während des Krieges den Deutschenhass, und zwar einen kämpferischen, lebendigen und werbenden, einimpfte. Schon wegen dieser Stellungnahme zu Deutschland dürfte es nicht angebracht sein, den Antrag der Universität Salamanca zu unterstützen.

Nach dem politischen Umschwung in Deutschland 1933 wurde in Spanien ein antifaschistisches Komitee gegründet, das zwar nie eine besondere Bedeutung bekommen hat. Unamuno war einer derjenigen, die durch Unterzeichnung des Manifestes zur Gründung ihre Sympathien für die deutschfeindlichen Absichten dieses Komitees bekundeten. Mir ist nicht bekannt geworden, dass Unamuno durch Wort oder Schrift öffentlich sich diesem Komitee getrennt hat. Darum glaube ich sagen zu dürfen, dass bei den deutschfeindlichen Krei-

Documentos del III Reich sobre las maniobras realizadas para que a Unamuno no se le concediera el Premio Nobel de Literatura en 1935.
Fuente: Ministerio de Asuntos Exteriores alemán.

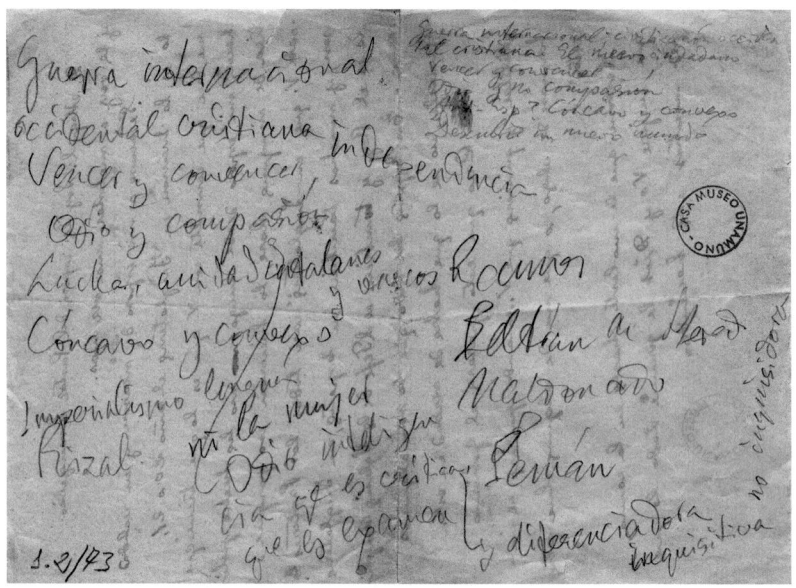

Arriba: notas improvisadas de Unamuno para su discurso del 12 de octubre de 1936. Abajo: detalle del apellido de José Rizal, eliminado en algunas reproducciones del documento. Es la clave del enfrentamiento de Unamuno con Millán Astray.

Fuente: Casa-Museo Unamuno..

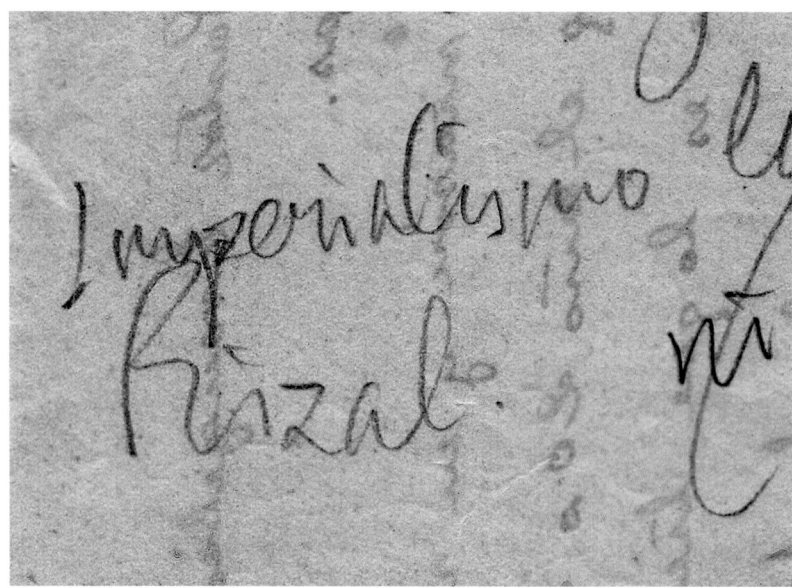

Después de un acto magnífico por los discursos de Maldonado y Pemán (los de Ramos y P. Beltrán de Heredia resultaron menos vibrantes) tomó la palabra D. Miguel de Unamuno para decir que él era vasco por los cuatro costados y que había venido a Castilla a enseñar el castellano. Que era preciso imponer una paz porque lo mismo que las mujeres rojas alardean de todos los crímenes y maldades, hay también quienes se regodean entre nosotros con el espectáculo de los fusilamientos.

Hay que darse cuenta que vencer no es convencer y que en último término eso que se llama la Anti España (idea esta superficial) también es España y advierte contra el riesgo de caer en una unidad sin la samploneria.

Que también era español el filipino Rizal que se despidió de la vida con unas palabras en español.

Las palabras de Unamuno produjeron impresión e indignación. Iscar hizo un gesto como diciendo ya va a estropearlo. y Unamuno le dijo: ah sí sí sé lo que me digo!

En esta página y las siguientes: notas del profesor
Ignacio Serrano tomadas el mismo 12 de octubre de 1936.
Importante testimonio del enfrentamiento
entre Unamuno y Millán Astray.

Por cortesía de los herederos de Ignacio Serrano.

Al terminar Unamuno el general Millán Astray preguntó si podía hablar y aquel dijo: "entonces va a hablar todo el mundo." No obstante habló en términos enérgicos diciendo que los catalanistas morirán y los que pretendan enseñar teorías averiadas morirán también. Terminó con varios vivas y mueras entre ellos un abajo la intelectualidad... (el adjetivo no se oyó ni el público lo quiso oír; le bastaba lo que había entendido). Después dió vivas a Franco.

Unamuno llevaba guión escrito de sus palabras y lo consultaba para no decir más que lo que había pensado. De Millán Astray me cabe la duda de si llevaba el propósito de hablar porque cuando empezó un legionario que estaba a su lado le dió un vaso de agua.

Unamuno fué imprudente e inoportuno y al final antipatriota pero no todo lo que dijo es censurable, unas cosas porque son ver dad (el publico que presencia los fundamentos) y otras porque son materia opinable (lo de que vencer no es convencer y lo de que hay una unidad en la ramploneria). La afirmación de que era vasco tambien podría pasar a pesar de ser inoportuna.

En cambio es francamente inadmisible la ultima parte de su discurso, la referente a que la anti España es España tambien y la alusion a Rizal.

Millan Astray estuvo bien pero fué mas lejos de lo debido en cuanto afirmó que ciertos profesores morirán. Estas afirmaciones viniendo de quien vienen y dichas delante de un publico juvenil excitado a seguir ese camino pueden ser peligrosas.

———

Me dicen que el Casino lo ha expulsado de su seno y que en cambio por ahora no habrá destitución del cargo de Rector.

Arriba: mesa presidencial del acto de la celebración del 12 de octubre de 1936 en el Paraninfo. En el centro de la imagen, Carmen Polo y, de izquierda a derecha, Unamuno, el obispo de Salamanca (Pla y Deniel), y Millán Astray. Abajo: público asistente al acto del Paraninfo.

Fuente: Archivo de *La Gaceta Regional de Salamanca*. Biblioteca de la Universidad de Salamanca.

Salida del acto del 12 de octubre. Carmen Polo
sube al coche. Millán Astray se despide
¿del obispo o de Unamuno?

Fuente: Biblioteca Nacional de España.

Fotografía tomada segundos después de la anterior.
En el centro, Unamuno y el obispo de Salamanca.

Fuente: Agencia EFE.

Salida del féretro del domicilio de Unamuno
portado por Víctor de la Serna, escritor y periodista;
Miguel Fleta, tenor; Antonio de Obregón, cineasta;
Emilio Díaz Ferrer, periodista. Todos colaboradores de Prensa
y Propaganda de la Falange a las órdenes de Millán Astray.
Fuente: Revista falangista *Vértice*.

Traslado del féretro de Unamuno por las calles de Salamanca hacia el cementerio. Los falangistas Miguel Fleta y Víctor de la Serna miran a cámara.
Fuente: Casa-Museo Unamuno.

Responso por Unamuno en el Campo de San Francisco (Salamanca). A la derecha, los catedráticos que portaron las cintas del féretro.
Fuente: Casa-Museo Unamuno.

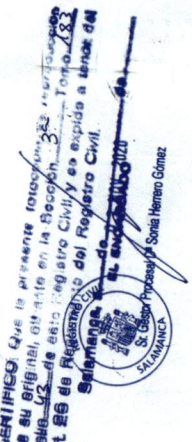

Arriba: acta de defunción de Unamuno firmada el 1 de enero de 1937 a las 10:50 horas. Abajo: detalle del acta de defunción con la causa del fallecimiento de Unamuno.

Por cortesía de los herederos de Miguel de Unamuno.

Número 36.

D. Miguel de Unamuno y Jugo, viudo de D.ª M.ª de la Concepción Lizárraga y Ecenarro. 31 de Diciembre de 1936 — Bordadores, 4 =

En la ciudad de Salamanca, el día treinta y uno de Diciembre de mil novecientos treinta y seis, : Yo el infrascrito Cura Párroco de La Purísima Concepción mandé dar sepultura eclesiástica en el cementerio de esta ciudad al cadáver de D. Miguel de Unamuno y Jugo ex-Rector de esta Universidad, natural de Bilbao de edad de setenta y dos años de estado viudo e hijo de D. Félix y D.ª María Salomé que falleció el día de hoy repentinamente a las diecisiete de según certificación del médico D. Adolfo Núñez habiendo recibido ~~los Santos Sacramentos de~~ la Absolución y Extremaunción "sub conditione".

Y para que conste autorizo la presente, fecha ut supra.

Mandato de sepultura eclesiástica de Unamuno redactado por el párroco.

Fuente: Parroquia de la Purísima Concepción. Salamanca.

Esquela de Miguel de Unamuno.

Por cortesía de los herederos de Miguel de Unamuno.

EL SEÑOR
D. MIGUEL DE UNAMUNO Y JUGO

Falleció en Salamanca, el día 31 de Diciembre de 1936, a los setenta y dos años de edad, confortado con los Auxilios Espirituales

D. E. P.

Sus hijos: Fernando, Pablo, Felisa, José, María, Rafael y Ramón; hijos políticos: Mercedes Adarraga, Josefina Pérez y José María Quiroga; nietos, hermanos políticos y demás parientes,

Suplican a sus amistades y personas piadosas una oración por el eterno descanso de su alma y asistan al funeral y conducción del cadáver, por lo que les vivirán agradecidos.

Funeral: Hoy, 1.º de Enero, a las once de la mañana.

Iglesia parroquial: Purísima Concepción.

Conducción del cadáver: Hoy, viernes, a las cuatro de la tarde.

Casa mortuoria: Bordadores, 4.

El duelo se despide en la iglesia y Puerta de San Bernardo.

No se reparten esquelas.

FUNERARIA DEL CARMEN

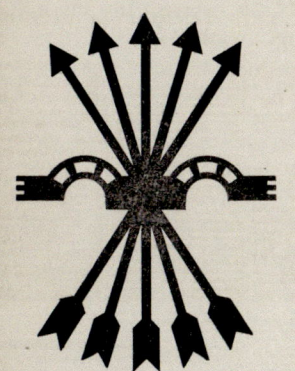

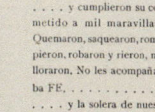

Artículo de Bartolomé Aragón sobre el 12 de octubre en el periódico que dirigía en Huelva, *La Provincia de FE*, a 25 de octubre de 1936.

Fuente: *La Provincia de FE*. Huelva.

A FALANGE

12 DE OCTUBRE AZUL

HISPANIDAD

POR BARTOLOMÉ ARAGÓN

Tradición

La Rábida de Falange Española

cianos imperiales, de ambiciones de vida, de FE, y por los campos de Huelva, por los pueblos de esta tierra, se formaron las milicias de carpinteros que cincelaran la Pinta y sus compañeras . . . .
. . . . y las cárceles de esta tierra se abrieron para formar las escuadras de mar . . . .
. . . . y los presidiarios de Huelva, unidos a nuestros mejores, descubrieron un mundo . . . .
Por Colón Por la FE en los destinos de España se entendieron mili- Fray Juan Pérez y Colón.

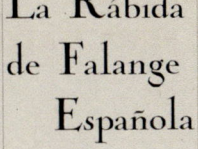

Pero cuando llegó la antiespaña estaba dentro la F. E. La de los Franciscanos de Colón y la nueva FE, de España representada por dos falangistas que dentro oraban . . . .
Todos salieron a penar por España en la cárcel de Palos De paso vieron destrozado el simbolismo de FE que ayudara al Almirante.
. . . . y un amanecer lluvioso en que las puertas del cielo se abrieron de par en par para dar paso al Sol de Otoño en la Rábida, llegó la F.E. y volvieron banderas victoriosas . . . .
. . . . y un mar de camisas azules recordando el mar en que se meciera la Pinta inundó la Rábida y cara al sol cantó himnos imperiales, F.E. en España, confianza en ellos mismos, ...
. . . . y pusieron una Cruz monumental, como jamás se vió por aquellos contornos, ante la que se postraron cinco mil milicianos imperiales de F.E. confiando en Dios y en Isabel . . . . . .
. . . . era toda la juventud de Huelva que volvía de los campos de batalla para cumplir el sagrado deber de abrazarse a su tradición histórica. Era la Rábida de F E.
Por eso Fray Jenaro cree en la F.E.

se afina con
storia.
que nunca pasa
.
zará de nuevo
ser otra vez cu-
os.

Acto organizado por Falange Española de Huelva en La Rábida con motivo del 12 de octubre.

Fuente: *La Provincia de FE*. Huelva.

Recorte del periódico *La Provincia de FE*,
de Huelva, a 30 de octubre de 1936.

Fuente: *La Provincia de FE*. Huelva.

Desfile de niños en el acto organizado
por Falange Española de Huelva en La Rábida.
Fuente: *La Provincia de FE*. Huelva.

Recorte del periódico *La Provincia de FE*,
de Huelva, a 1 de noviembre de 1936.
Fuente: *La Provincia de FE*. Huelva.

Monumento conmemorativo de la fundación
de la Falange en La Rábida, Huelva.

Fuente: *La Provincia de FE*. Huelva. 25 de octubre de 1936.

Quema de libros en la Universidad Central de Madrid, actual Universidad Complutense, en abril de 1939, con motivo de la celebración del Día del Libro.

Fuente: *ABC*.

Detalle de un documento oficial perteneciente
al Campo de Concentración «Miguel de Unamuno»,
situado en Madrid.

Fuente: Archivo de la Democracia. Universidad de Alicante.

Inauguración de la estatua de Unamuno situada frente a su domicilio
en Salamanca, para conmemorar el trigésimo aniversario de su fallecimiento.
El acto se celebró en 1968, con dos años de retraso.

Fuente desconocida.

unidad en la ramplonería). La afirmación de que era vasco también podría pasar, a pesar de ser inoportuna.

En cambio, es francamente inadmisible la última parte de su discurso, la referente a que la anti-España es España también y la alusión a Rizal.

Millán Astray estuvo bien, pero fue más lejos de lo debido en cuanto afirmó que ciertos profesores morirán. Estas afirmaciones, viniendo de quien vienen y dichas delante de un público juvenil excitado a seguir ese camino, pueden ser peligrosas.

Y, por lo visto, las reacciones contra Unamuno en la ciudad no se hicieron esperar: «Me dicen que el Casino lo ha expulsado de su seno y que, en cambio, por ahora no habrá destitución del cargo de Rector».

Por otra parte, hay unas declaraciones de otro testigo presencial del acto, Eugenio Vegas Latapie, que refrendan lo dicho por Serrano; se trata de un pasaje de sus *Memorias políticas*, publicadas en 1987:

> Muchas de [las] afirmaciones [de Unamuno] eran de puro sentido común, aunque en aquella ocasión resultasen explosivas. Sobre todo, cuando de manera inesperada, en su característico juego de ideas y de palabras, sacó a colación el fusilamiento de Rizal, héroe de la independencia de Filipinas, como ejemplo de la brutalidad agresiva e incivil de los militares. Yo mismo sentí un cierto desasosiego al oír pronunciar con elogio el nombre de quien había luchado ferozmente contra España. Y fue exactamente el momento en que Millán Astray se puso en pie y lanzó un grito, ahogado en parte por la gran ovación con que fue acogido. Pero yo le oí perfectamente decir:
> «¡Muera la intelectualidad traidora!».

Otros declaran que lo que clamó el célebre militar fue: «¡Muera la inteligencia! ¡Viva la muerte!». O simplemente: «¡Mueran los intelectuales!». Y con estas palabras lo recuerda el propio Unamuno en una de las notas de *El resentimiento trágico de la vida*: «Muera la intelectualidad y viva la muerte». Lo importante, en todo caso, es que Millán Astray se estaba refiriendo a don Miguel, como ejemplo supremo de la intelectualidad española o, si se quiere, de esa clase de intelectuales que él tanto aborrecía. Y a nadie se le escapa que, en un contexto de guerra y en una ciudad ocupada, tales palabras podían suponer una especie de sentencia condenatoria contra Unamuno, pronunciada nada menos que por el fundador de la Legión y, en ese momento, estrecho colaborador de Franco, con el que tenía una gran sintonía. Solo faltaría una mano que la ejecutara.

En un principio, eso sí, lo que hicieron los sublevados fue tratar de quitarle importancia al asunto, no dar pábulo a los rumores, ocultar hasta donde fuera posible los hechos para evitar que tuvieran trascendencia en el bando republicano y, sobre todo, en el exterior, algo que preocupaba mucho a los militares rebeldes, tan necesitados en un principio de legitimación. Por eso había que evitar como fuera cualquier información que pusiera en duda la adhesión de Unamuno al Movimiento o que pudiera desacreditarlos. De hecho, si leemos las noticias publicadas en la prensa local sobre el acto, da la impresión de que no pasó nada fuera de lo que era normal en ese tipo de eventos, como si todo hubiera transcurrido en un ambiente de armonía y cordialidad. Esto es lo que dice, por ejemplo, *El Adelanto*, después de reproducir íntegramente algunas de las intervenciones a partir de las notas taquigráficas que de ellas se tomaron: «Finalizó el acto con unas breves palabras de Unamuno y otras del heroico general Millán Astray, combatiendo a los hombres que permanecen encubiertos, terminando con tres vivas al ilustre y bizarro caudillo del Ejército nacional, Jefe del Gobierno, general Franco…». Pero nada sobre el incidente. ¿Acaso los periodistas no taquigrafiaron la intervención de Unamuno? En otros medios ni siquiera se la menciona, a pesar de haber sido la más sonada, con lo que la consigna dada desde Prensa y Propaganda parece clara.

De todas formas, las primeras consecuencias para Unamuno no tardaron en llegar. Desde ese día tuvo que encerrarse en su casa, de donde podía salir, pero siempre bajo vigilancia. No se le permitía escribir para la prensa y, en principio, tenía vedadas las visitas de corresponsales extranjeros, si bien varios de ellos se las arreglaron para entrevistarlo cuando estaba solo en casa. Otras se llevaron a cabo bajo la supervisión del capitán Gonzalo de Aguilera, que actuaba de censor militar, como era habitual desde que los sublevados tomaron Salamanca.

Son muchos, por otra parte, los que en la ciudad le hacen el vacío o le dan la espalda, unos por miedo o cautela, otros por razones personales o ideológicas. Como ya vimos, la misma tarde del 12 de octubre fue expulsado del Casino de Salamanca y privado de la presidencia de honor. Al día siguiente, sería cesado de sus diferentes cargos en la Corporación Municipal. Y lo más grave para él: el 14 fue destituido de su cargo de rector por el Claustro Universitario, a instancias, sobre todo, de José María Ramos Loscertales, en una decisión ratificada por Franco como jefe del Estado. ¿Lo había ordenado así el general, o los colegas de Unamuno se habían anticipado a sus deseos? Lo mismo daba. Una vez «desmochada» y desarticulada, la Universidad de Salamanca se había convertido en un instrumento al servicio de la legitimación del alzamiento y la causa de los sublevados, «frente a una República que presumía del apoyo mayoritario de profesores, escritores e intelectuales», como nos recuerda Luis Castro en su libro *«Yo daré las consignas». La prensa y la propaganda en el primer franquismo* (2020). El caso es que don Miguel gozó del extraño privilegio de haber sido nombrado y destituido como rector vitalicio, a título honorífico, por las dos Españas. Y eso que el cargo era vitalicio. Todo un símbolo de su heterodoxia e independencia.

Pero no a todos les parecen suficientes tales medidas punitivas y son muchos los que no dejan de acusarlo y señalarlo, como si fuera una diana. Un buen ejemplo es el sacerdote jesuita Juan Tusquets, creador de un índice de masones y visitante asiduo del cuartel general de Franco, de cuya hija era preceptor, quien, en diciembre de 1936, pronunció en Burgos una conferencia radiada en la que dijo cosas como esta: «La masonería ha conducido a España a dos dedos de la ruina y al pueblo a la miseria. Yo acuso, y acuso sin retóricas, con pruebas. A Unamuno, en cuya ayuda intervino toda la francmasonería liberal y socialista de Francia». Se refiere a la época en la que don Miguel estuvo desterrado y a su traslado desde Fuerteventura a París. Por otra parte, son muchos los colegas de la Universidad que le reprochan a Unamuno su actitud, ya que había puesto bajo sospecha a todos los profesores e intelectuales y los había dejado en mal lugar.

Lo esperable habría sido, por lo demás, que don Miguel hubiera sido fusilado enseguida por los militares, como su querido Rizal, cuya muerte estaba cargada de un gran simbolismo para él; al fin y al cabo, numerosos republicanos habían sido ya asesinados por mucho menos, algunos de ellos amigos suyos. Si en su caso no aconteció así, fue porque a Franco, que, amén de astuto, era una persona muy cautelosa y sibilina, no le convenía. Los ojos de medio mundo estaban por entonces puestos en España y un acto como ese habría suscitado de inmediato numerosas reacciones de rechazo y de repulsa que podrían haber inclinado la balanza del apoyo internacional hacia el bando republicano, con lo que el curso de la guerra podría haber sido muy distinto. Eso fue lo que libró a Unamuno de ser ejecutado, como habían hecho con Rizal en el pasado o con Lorca y tantos otros en esos últimos meses. No era oportuno, pues, que ese viejecillo venerable, con su pelo y su barba blancos, conocido en casi todo el orbe y respetado todavía por muchos, sufriera ningún daño. Pero puede haber otras formas mucho más sutiles y menos escandalosas de anular discretamente a alguien cuando se tienen los medios y el poder para ello.

Durante un tiempo debió de existir, eso sí, una gran preocupación por la posibilidad de que algún exaltado se hiciera eco de las palabras de Millán Astray («los que pretendan enseñar teorías averiadas morirán también», había profetizado, según Serrano) y quisiera tomarse la justicia por su mano y castigar de manera ejemplar a Unamuno. En este sentido, hay una carta fechada el día siguiente del evento, el 13 de octubre, muy elocuente. Se la envía Francisco Bravo, jefe de la Falange salmantina, redactor jefe de *La Gaceta Regional de Salamanca* y al parecer admirador sincero de Unamuno, al hijo mayor de este, que vivía en Palencia y del que era amigo, y en ella escribe:

> He estado anoche unos minutos en Salamanca y allí me he enterado de un grave incidente suscitado con ocasión del acto del Paraninfo [...]. Tu padre, que no quiere darse cuenta del ambiente

aborrascado propio de la guerra civil en que vivimos, dijo unas cosas que suscitaron protestas crudas y violentas de los asistentes, con Millán Astray a la cabeza [...].

Creo, Fernando, que debes irte a Salamanca y convencer a tu padre de que en tanto duren las circunstancias evite actuaciones públicas que indignen o alarmen a gentes que andamos metidas en la guerra, entre los cuales habrá mezquinos y ruines, incapaces de separar sus egoísmos personales del ideal que guía al pueblo, pero cuya mayoría somos los que pensamos y trabajamos por España.

Para añadir a continuación de forma explícita: «Sería doloroso que a tu padre, cuya contribución al movimiento nacional es tan significativa y magnífica, sobre todo para el Extranjero, pudiera sucederle algún incidente desagradable». ¿Se trata de un aviso amistoso, motivado por el respeto que siente por Unamuno, o de una velada amenaza, suscitada por el recelo que este provocaba entre los suyos? Probablemente, de las dos cosas a la vez; nadie mejor que Francisco Bravo sabía cómo estaban entonces los ánimos en Salamanca entre los militares y los falangistas, y nadie como él era consciente de lo que podía ser capaz Unamuno. Es probable, pues, que los soldados que en un principio hacían guardia en la calle Bordadores o el policía apostado siempre frente a su casa estuvieran allí no solo para vigilarlo y evitar que se escapara (según le contó Felisa de Unamuno a Margaret Rudd: «Un día, cuando mi padre fue a visitar a sus amigos los dominicos de San Esteban, un sacerdote le contó que uno de los soldados había dicho que si veían a mi padre subiendo a un automóvil tenían orden de disparar contra él») o para saber quién lo visitaba, a quién veía o con quién hablaba, sino también para *protegerlo* de los posibles incontrolados, que nunca faltan.

Pero las palabras del jefe de la Falange salmantina dejan entrever también una cierta preocupación por lo que Unamuno pudiera hacer o decir públicamente durante el tiempo en que estuviera confinado. Según cuenta en su libro Margaret Rudd, el propio Francisco Bravo pudo haber recibido una carta bastante comprometedora de parte de Unamuno para que se la hiciera llegar a otro falangista; para evitar posibles riesgos, Bravo le ofreció devolvérsela, pero don Miguel le respondió que la había escrito para que se leyera, pues, al parecer, no temía las posibles consecuencias. De hecho, en una que le escribe a Quintín de Torre, don Miguel comenta: «Yo, por mi parte, cuando escribo calculo que esa censura puede abrir mis cartas, lo que naturalmente —usted me conoce— me mueve a gritar más la verdad que aquí se trata de disfrazar».

Por otra parte, son numerosos los corresponsales que quieren entrevistarlo y obtener declaraciones suyas, dado su gran prestigio, y, por mucho cuidado que pongan los de la oficina de Prensa y Propaganda en supervisarlas y censurarlas, siempre cabe la posibilidad de que Unamuno hable más de la cuenta o haga llegar a través de ellos algún mensaje a un medio extranjero, como de hecho sucedió en alguna ocasión. Y es que cada día que pasaba parecía tener menos miedo a lo que pudiera pasarle. «Primero me echó el rey, luego Primo de Rivera, más tarde los rojos y ahora los azules. No obstante, yo seguiré diciendo lo que creo que es justo», declarará en una entrevista el 6 de diciembre de 1936.

Por no hablar de la eventualidad de que intentara huir de Salamanca, como en su día se había fugado de Fuerteventura. A este respecto comenta Manuel Vicent en un artículo de *El País*:

> En la puerta había un falangista de guardia que no dejaba entrar a nadie. Cuenta el periodista Luis Calvo que un día consiguió romper esa barrera y se encontró con Unamuno dando puñetazos en la mesa, fuera de sí. Soltaba imprecaciones contra los falangistas que lo tenían amordazado y no paraba de gritar que una noche se iba a ir a pie por una carretera de segundo orden que él conocía muy bien hasta Portugal y desde allí embarcaría a América para decirle a todo el mundo que los nacionales estaban fusilando en Salamanca a muchos de sus colegas y que cometían más animaladas que los rojos.

El caso es que, para entonces, Unamuno se había convertido en una figura muy peligrosa a la que no convenía mantener como rehén durante mucho tiempo, ya que se mostraba dispuesto a hablar a toda costa y a decir a quien quisiera escucharlo lo que pensaba, aunque eso supusiera un riesgo para él; de hecho, lo único que lo frenaba era el que pudiera correr su familia. Unamuno era, por tanto, una bomba de relojería que podía estallar en cualquier momento y provocar un daño incalculable a la causa de los sublevados.

El hombre que detestaba a los intelectuales... traidores

Pero en Salamanca había alguien a quien tal vez le hirviera la sangre con solo oír mentar el nombre de Unamuno; alguien que a buen seguro no estaba dispuesto a olvidar ni a perdonar lo ocurrido en el paraninfo; alguien que en su discurso —y de ello no cabe ya ninguna duda, por más que muchos hayan querido quitarle hierro al asunto— había amenazado públicamente a los intelectuales y profesores traidores. Nos referimos, claro está, a José Millán Astray, un personaje que parece salido de una obra de Valle-Inclán; la realidad a veces supera incluso la mejor ficción. «Grotesco y loco histrión», lo llama Unamuno en una carta a Quintín de Torre a propósito de lo sucedido el 12 de octubre. Y esto no era nada nuevo, pues, como ya dijimos, don Miguel lo había atacado en diversas ocasiones en sus artículos, llamándolo «el aspirante a Mussolini español» y «Mussolini en ciernes», o haciendo comentarios como el siguiente: «Y se formó el Tercio. Y en torno de este se quiso crear un sentimiento alimentado con vahos de cinematógrafo. Porque la pedagogía cinematográfica, suprema expresión de la fatal frivolidad, ha sido la que ha intentado crear la leyenda del Tercio. O sea, del fajo». Está claro que Unamuno tenía un pésimo concepto del cine; de ahí que a veces califique a los dirigentes fascistas de *peliculeros*.

Una vez comenzada la guerra, Millán Astray regresa urgentemente a España y no tarda en convertirse en uno de los principales colaboradores de Franco, quien, como ya sabemos, lo acabará nombrando jefe de la oficina de Prensa y Propaganda del bando sublevado, o, para ser más exactos, de la Sección de Prensa y Propaganda dentro de la Comisión de Cultura y Enseñanza de la

Junta Técnica del Estado, por ser persona de confianza a la que lo unían tantas cosas, entre otras el «espíritu del Tercio», marcado por su pasado «africanista» en la Legión. Así se lo notificó a Giménez Caballero: «Quisiera que [usted] se ocupara de la propaganda. Como todo está militarizado, hay que contar con algún general al frente. Vea a Millán Astray». Y esto fue lo que el «glorioso mutilado» le advirtió a Giménez Caballero cuando se puso a su servicio: «Yo daré las consignas y vosotros las instrumentaréis». Y, en efecto, él era el que les ordenaba lo que había que decir o comunicar en cada caso.

Según Paul Preston, Millán Astray dirigía la oficina de Prensa y Propaganda del bando nacional como si fuera un cuartel. Luis Moure Mariño, uno de sus subordinados, llega a comentar que el general los llamaba a su despacho «haciendo sonar un silbato que siempre tenía a mano». Por deseo de este, la sede se trasladó de Burgos a Salamanca, concretamente al palacio de Anaya de Salamanca, que era un viejo edificio de la Universidad, en el que, por cierto, Unamuno había impartido clases de Historia de la Lengua Castellana durante el curso 1933-1934 y donde, en enero de 1937, Millán Astray fundará Radio Nacional de España, que dependía de Prensa y Propaganda.

Allí el general se rodeó de los mejores colaboradores que pudo hallar en ese momento en la ciudad. Entre ellos, aparte de los ya citados Giménez Caballero y Moure Mariño, estaban Víctor de la Serna, Antonio de Obregón, Emilio Díaz Ferrer, Pablo Merry del Val, Joaquín Arrarás, Francisco de Luis, Ramón Rato, Lucas María de Oriol, Gonzalo de Aguilera, Luis Antonio Bolín, Maximiano García Venero, Agustín de Foxá…, todos periodistas, escritores y literatos muy habilidosos, con las plumas bien cargadas de retórica belicista y máquinas de escribir que, en efecto, sonaban como ametralladoras. De algunos hizo un inolvidable retrato Francisco Umbral en su novela *Leyenda del César Visionario* (1991).

No obstante, hay que decir que Millán Astray no era el bárbaro que algunos se han empeñado en mostrar y caricaturizar. En realidad, era una persona culta e inteligente, sobre todo si la comparamos con otros militares del momento, si bien detestaba a aquellos intelectuales que consideraba traidores a la patria. En cuanto a Unamuno, hay que señalar que, por diversas razones, representaba todo lo que él más despreciaba, y, por lo general, no se molestaba en ocultarlo. Y algo muy parecido cabe decir de don Miguel, lo que había dado lugar a ciertas rencillas y desavenencias.

Tal y como relata José Esteban en su libro *La generación del 98 en sus anécdotas*, Unamuno y Millán Astray pudieron haberse cruzado doce años antes del famoso incidente del paraninfo, probablemente en el mes de julio de 1924, justo cuando el primero acababa de arribar a París, tras escapar de su destierro en Fuerteventura, y el segundo estaba a punto de abandonar la capital francesa después de haber cumplido con una misión oficial que lo había mantenido por un tiempo fuera de España. Al parecer, ambos coincidieron en el café de La Rotonde, al que solían acudir algunos españoles exiliados. A pesar de ser un recién llegado, don Miguel había establecido ya su tertulia, donde impartía a diario sus amenas diatribas. A ella trató de acercarse varias veces Millán Astray con el fin de trabar conversación con Unamuno, al que por lo visto admiraba o respetaba, tal vez por su valentía y carácter; no en vano lo había atacado en sus artículos muchas veces, cosa que pocos se atrevían a hacer. Por otra parte, tenían en ese momento algo en común, y es que a los dos los había alejado el dictador Primo de Rivera de la península, aunque de diferente modo y por distintas razones. Por eso le habría gustado mucho poder discutir con él y hacerle de paso algunas rectificaciones. Pero don Miguel no le hizo ningún caso, ni siquiera lo miró, como si no existiera, y Millán Astray, cansado de esperar, tuvo que volverse ofendido y frustrado a la habitación de su hotel. Se trata de una anécdota, tal vez de una leyenda, pero refleja bien las tirantes relaciones que había entre ellos. De esta forma lo cuenta, por su parte, Julián Gorkin, miembro entonces de la Internacional Comunista en París, si bien sitúa el encuentro en octubre de 1926: «En cuanto [Unamuno] veía a Millán Astray, sacaba la pelota de cera [en realidad, una bola de miga de pan] que llevaba casi siempre en el bolsillo de la chaqueta y se ponía a remodelarla con los dedos un tanto nerviosos. Solía hacer pajaritas de papel cuando estaba de buen humor o tenía que escuchar a los otros distraídamente; pero cuando recurría a la bola de cera era señal de aburrimiento o de mal humor».

Con tales antecedentes, Unamuno y Millán Astray estaban condenados a enfrentarse, ya fuera por una cosa o por otra, en esa Salamanca cuartelera y universitaria de 1936. Como ya vimos, mentar a José Rizal durante la celebración del Día de la Raza era como mencionar la soga en casa del ahorcado o, mejor aún, como mentar al ahorcado en casa del verdugo, lo que hizo que el general se lo tomara como una afrenta personal. En todo caso, hay que recordar que, desde años atrás, Unamuno venía sacando a colación a José Rizal en artículos periodísticos en los que mostraba su profundo desacuerdo con la conmemoración del llamado Día de la Raza, que era el nombre que entonces tenía la fiesta del 12 de octubre. Para Unamuno, si algo había que celebrar en esa fecha, no eran cuestiones raciales o imperiales, sino la lengua común entendida como elemento de unión entre pueblos: «Esa fiesta ridícula, que han llamado la fiesta de la Raza. Raza empieza a querer significar lo que significa en la actual Alemania, la del racismo. Algo mejor habría estado llamarla la fiesta de la Lengua. El español de España es también el español de América y el español del extremo de Asia». Y, dentro de ese argumentario, Unamuno ponía como ejemplo supremo a su admirado Rizal: «Los libertadores suramericanos del siglo XIX son de la misma raza. Como el gran José Rizal. Aunque fuese entre tagalo y chino, pensó, y sintió, y habló, y escribió en español. Más vale un buen tagalo que un mal español». Así que no es extraño que muchos de los presentes en el paraninfo, con Millán Astray a la cabeza, consideraran una provocación el hecho de que Unamuno mencionara en ese momento y en ese lugar a Rizal. Así lo interpretó, por ejemplo, un testigo de honor de los hechos, el escritor José María Pemán: «Millán se creyó obligado a reaccionar en la forma que lo hizo a lo que consideró una provocación del ilustre catedrático». Y es que Unamuno sabía dónde le dolía al fundador de la Legión.

Vista desde la perspectiva actual, la alusión a Rizal puede parecer intrascendente, pues ya nadie se acuerda del mártir tagalo. Pero no olvidemos que Millán Astray había combatido en Filipinas con apenas diecisiete años (suponemos que fue su bautismo de fuego), durante la sublevación anticolonial de 1896 a 1897, con todo lo que ello significa, ya que, al final, la guerra terminó en derrota para el

Ejército español. Se da la circunstancia, además, de que el barco que lo había llevado a Manila era el mismo en el que iba detenido Rizal para ser sometido a un consejo de guerra por los delitos de rebelión, sedición y asociación ilícita por haber promovido la insurrección del archipiélago filipino.

Recordemos, por otra parte, que algunos años antes del incidente del paraninfo, en el Ateneo de Madrid, el intelectual vasco había llamado a los legionarios nada menos que «cortacabezas y hampones» y otras cosas más. Y eso era algo que el fundador de la Legión no había olvidado, como tiempo después le confesaría a Gómez Mesías: «Dijo de mí que yo era un ladrón; que me había hecho rico con los sacrificios y la sangre de los soldados que peleaban en África. Eso no se perdona». Tampoco el 12 de octubre era la primera vez que Millán Astray arremetía públicamente contra los que él consideraba malos intelectuales. Un mes antes, por ejemplo, había declarado en *La Gaceta Regional*: «¡Salamanca! ¡Salamanca!, la ciudad de la inteligencia secular de España, la de los estudios de Humanidades, eternos como el alma humana. Vuelves a ser Salamanca… Por aquí no pasó la furia asesina del rojo, de los que envenenaron los extranjeros, los malditos y mil veces malditos intelectuales, que, teniendo cultura, medios bastantes, envenenaron a nuestras masas y las hicieron creer que la felicidad estaba en el crimen». Como se puede observar, estaba muy obsesionado con ellos.

Pero lo peor es que tales ataques contra la mala intelectualidad arreciaron, cada vez más amenazadores, después del enfrentamiento. Apenas seis días más tarde, en una arenga pronunciada en el cuartel de requetés de Salamanca, proclamará: «¡Ay de aquellos intelectuales que marchen por las sendas tenebrosas! Y los que empleen los caminos sutiles, los disfraces, los juegos de palabras desde los que se lanzan flechas ponzoñosas y se esconde el pecho. Esos serán fulminados». Dichas así, en plena guerra y por alguien de aspecto tan poco amistoso, tales palabras pueden resultar aterradoras. La alusión a Unamuno, por lo demás, parece clara, y el término «fulminados» recuerda mucho a otro más concreto y menos metafórico.

Por último, en una nota de la oficina de Prensa y Propaganda fechada el 5 de diciembre de 1936, seguramente supervisada por Millán Astray, se puede leer:

Equivocada filosofía, equivocada corriente la de estos hombres a los que una exacta denominación llamó (durante estos últimos tiempos) «intelectuales». Hombres que andaban con el intelecto; los que veían las cosas cabeza abajo, con opiniones al revés (enrevesadas) y cuya especie o casta era muy antigua, sin embargo, en la historia espiritual del mundo. Pues ya en griego se les denominó: «Los de parecer contrario» (hetero-doxos). Y también sofistas: los que ponían la verdad a su gusto.

Y luego, en la Edad Media cristiana, recibieron el nombre de herejes. Y en el Renacimiento, de «bachilleres». Y en el siglo XVIII, de «pedantes». ¡HETERODOXOS, SOFISTAS, HEREJES, BACHILLERES, PEDANTES, INTELECTUALES! […] Místicos ansía España que, frente a los «intelectuales» rebeldes, insumisos y locos por una absurda libertad, muestren a los demás españoles que no hay LIBERTAD VERDADERA, como dijo un místico contemporáneo nuestro, MÁS QUE EN LA SUMISIÓN.

Por lo visto, el problema de tales intelectuales era tener un pensamiento propio y no rendirle pleitesía al poder militar. El propio don Miguel le podría haber explicado, por otra parte, que los místicos españoles también fueron heterodoxos, y, si no, que se lo pregunten a Teresa de Ávila o a Juan de Yepes.

De modo que no es extraño que, para Millán Astray, Unamuno fuera una especie de bestia negra a la que había que vencer de una vez por todas, ya que no se quería someter.

Unamuno frente al fascismo

Lo de Unamuno con Millán Astray no era una cosa personal, formaba parte de un contexto mucho mayor. Como no podía ser menos, don Miguel siempre arremetió con dureza contra el fascismo —una de sus grandes preocupaciones— y sus principales líderes, empezando por Mussolini. Sus primeras referencias en artículos son de los años veinte, y en ellas demuestra conocer bien lo que estaba ocurriendo en Italia. Sobre el Duce escribirá, entre otras muchas cosas: «Y ese trágico polichinela que es Mussolini, el caudillo peliculero de los camisas negras, puede arrastrar a su patria por abismos insospechados». Y de la Italia fascista llegará a decir: «En Italia se incita a las mujeres a hacer hijos, no para que vivan, sino para que maten, peor que para morirse».

Sus ataques contra las ideologías totalitarias aumentaron conforme estas se extendían como una plaga por Europa. En 1933 firmó, junto a Ortega y Gasset, Gregorio Marañón y otros intelectuales, un manifiesto contra el fascismo y el nazismo, publicado el 10 de junio en el periódico *El Sol*. También le dedica duros artículos a Hitler. «¿Es que cabe nada más impersonal, más borroso, que ese pobre Führer, un deficiente mental y espiritual? ¿Cómo puede fascinar a una masa humana?», escribe en *Ahora* el 21 de diciembre de 1934.

Todo esto explica que, al año siguiente, los nazis maniobraran desde el III Reich para que a Unamuno no se le concediera el Premio Nobel de Literatura, solicitado por la Universidad de Salamanca, petición a la que se fueron sumando otras instituciones. Al menos eso es lo que parece desprenderse de diversos documentos. El primero es un informe de la Akademie zur Wissenschaftlichen Erforschung und Pflege des Deutschtums (Academia para la

Investigación y el Fomento de la Germanidad) o Deutsche Akademie (Academia Alemana), fechado a comienzos de 1935 y dirigido al Auswärtiges Amt (Ministerio de Asuntos Exteriores), donde se pide que no se apoye la candidatura de Unamuno, ya que, como dice el texto, don Miguel «tiene mucho que ver con la recuperación de la influencia intelectual francesa en España». El asunto llegó enseguida al conde Bernhard von Welczeck, embajador de Alemania en España, que, en abril de ese mismo año, emitió un dictamen en el que se indica que «Unamuno es uno de los más encarnizados enemigos de la actual Alemania en España»; asimismo, alude al manifiesto firmado por don Miguel en 1933. Por último, hay un escrito del director de la sede en Madrid del Deutscher Akademischer Austauschdienst (Servicio Alemán de Intercambio Académico), del 2 de mayo de 1935, en el que se insta a que, «tanto por motivos de interés nacional como de política cultural», se rechace la propuesta de Unamuno. También se señala que, tras el cambio político operado desde 1933, este ha tomado una actitud tan clara contra ellos que puede considerarse como el portavoz espiritual contra Alemania en los círculos intelectuales españoles. No sabemos hasta qué punto todo esto influyó en el resultado. Lo cierto es que, en un principio, Unamuno tenía bastantes posibilidades, pero al final el Nobel de Literatura de ese año quedó desierto, pues tampoco se lo dieron a G. K. Chesterton ni a Paul Valéry, sus principales rivales. Hasta entonces solo había dejado de concederse una vez, en 1914, a causa de la Gran Guerra.

En esa época, son frecuentes también los ataques de Unamuno contra los falangistas o fascistas españoles, a los que don Miguel, siempre tan amigo de las etimologías, llama «fajistas», y a los que llega a calificar de «algo inmundo, de verdugos dementados», debido, entre otras cosas, a su culto a la violencia. No obstante, los de la Falange parecían empeñados en ganarse a Unamuno para su causa o al menos en utilizarlo propagandísticamente a su favor, dado su gran prestigio internacional. Así que no paraban de coquetear con él. Como ya sugerimos, José Antonio Primo de Rivera lo admiraba y en diversas ocasiones se había hecho eco de algunas de sus obras y palabras, como se puede comprobar en uno de los capítulos del libro de Francisco Bravo dedicado al fundador de la

Falange, *José Antonio. El hombre, el jefe, el camarada* (1939), o en el titulado *Historia de Falange Española de las JONS* (1943). En ambas obras se habla del encuentro que tuvo lugar en la casa del escritor el 10 de febrero de 1935, previo al mitin que Falange Española celebró en el Teatro Bretón de Salamanca, al que Unamuno los acompaña, lo que provocó un gran revuelo y escándalo. De esta forma lo cuenta Francisco Bravo, testigo de los hechos, en el primero de los libros: «Llevé durante muchos años y sometida a alternativas, como era natural dado el carácter de don Miguel de Unamuno, una buena amistad con él, admiración por sus virtudes, reproche de discípulo desengañado por sus grandes defectos. José Antonio la conocía, y como sentía un fuerte deseo por ser presentado al viejo rector, le prometí hacerlo. Don Miguel, hombre de fácil acceso, asintió encantado a mi propuesta». En aquel encuentro estuvo también presente Rafael Sánchez Mazas. «Yo quería conocerle, don Miguel —vino a decir José Antonio—, porque admiro su obra literaria y, sobre todo, su pasión castiza por España [...]. Su defensa de la unidad de la Patria frente a todo separatismo nos conmueve a los hombres de nuestra generación». Y Unamuno confirmó: «Eso siempre. Los separatismos solo son resentimientos aldeanos».

En otro momento, Francisco Bravo trató de rebajar la tensión provocada por las duras críticas de Unamuno a la dictadura de Primo de Rivera cambiando de tema: «Bueno, don Miguel. Aquello del padre de José Antonio es ya historia. Díganos cuándo le apuntamos para Falange». Según el periodista, don Miguel comentó:

> Sí; aquello es historia. Y lo de ustedes es otra historia también. Yo jamás me apunté para nada. Como tampoco jamás me presenté candidato a nada; me presentaron. Pero esto del fascismo yo no sé bien lo que es, ni creo que tampoco lo sepa Mussolini. Confío en que ustedes tengan, sobre todo, respeto a la dignidad del hombre. El hombre es lo que importa; después, lo demás: la sociedad, el Estado. Lo que he leído de usted, José Antonio, no está mal, porque subraya eso del respeto a la dignidad humana.
> [...]
> Pero yo confío en que no lleguen ustedes a esos extremos contra la cultura que se dan en otros sitios. Eso es lo que importa. No es

posible que la juventud, por muy estupidizada que esté, y yo lo creo sin ánimo de molestarles, caiga en el horror de creer que el pensar es una «funesta manía» […]. Por cierto que el otro día, y con motivo de una huelga en la Universidad, recibí a un grupo de muchachos de los de ustedes. Les pregunté qué querían; qué era eso de la Falange. […] Pero no sabían bien lo que querían. Y eso me prueba que hay un peligro de desmentalización de los muchachos. No conviene que ustedes acentúen esa tendencia pasional.

Más tarde, a propósito del mitin, el fundador de la Falange anunció: «Hoy, en esta Salamanca unamunesca, voy a decir a quien nos escuche que el ser español es una de las pocas cosas serias que se pueden ser en el mundo». Y Unamuno insistió: «Muy bien. Pero sin xenofobia. ¡El hombre, el hombre! Y también el español y España. Y los valores del espíritu y de la inteligencia. Pero cuidado con que ustedes aticen esa propensión a desmentalizarse que tienen nuestros muchachos». Francisco Bravo, por su parte, le preguntó: «¿Por qué no nos ayuda usted en la lucha contra los separatismos? Hemos aprendido en usted a sentir a España, con orgullo, apasionadamente. Pero son los liberales, los hombres retrasados del XIX, los que ponen en peligro la Patria». A lo que don Miguel contestó: «Usted repite mucho esa tontería de Daudet sobre el "estúpido siglo XIX". Pero eso no es verdad. Yo lo defiendo. Vivimos ahora mismo de su herencia».

Como se hacía tarde para el mitin, los jóvenes falangistas comenzaron a despedirse de don Miguel. Pero este, para su asombro, les dijo: «Voy con ustedes». En el acto, Sánchez Mazas afirmó entre otras cosas: «Don Miguel es el adversario que enseña y del que puede aprenderse». Según Bravo, tras el mitin no se fueron a comer con Unamuno, sino que se lo encontraron en el Gran Hotel, acompañado de Eugenio Montes, José María Alfaro, Raimundo Fernández Cuesta y otros camaradas. La velada discurrió con cordialidad. Al ver que José Antonio estaba exultante por la presencia del ilustre escritor, Bravo le advirtió: «Verás cómo dentro de unos días empieza a "meterse" con nosotros. Lo ha hecho siempre con todos y no vamos a ser una excepción». En efecto, don Miguel publicó varios artículos en la prensa criticando a la Falange y a su líder; en uno de ellos, aparecido en el diario *Ahora* el 19 de abril de 1935, decía de José Antonio: «Es un muchacho que se ha metido en un papel que no le corresponde. Es demasiado fino, demasiado señorito y, en el fondo, tímido para que pueda ser un jefe y, ni mucho menos, un dictador. A esto hay que añadir que una de las cosas más necesarias para ser jefe de un partido "fajista" es la de ser epiléptico».

En el segundo de los libros mencionados, Francisco Bravo ofrece un relato algo diferente de los hechos, pero al final tampoco deja lugar a dudas sobre el comportamiento de don Miguel y la reacción de los falangistas: «Las agencias dieron la noticia a todo el mundo, sobre todo a América [...]. Unamuno, gustoso de dar que decir a las gentes, contribuyó a que se hablara de Falange en todos los tonos y en todas partes [...]. Pocas semanas después Unamuno comenzó a combatirnos. Se le había hecho creer que su supuesto filofascismo iba a perjudicarle. En *Arriba* tuvimos que atacarle, diciéndole unas cuantas cosas duras, que indudablemente le irritaron».

Sobre todo este asunto se han dado otras versiones, en las que no vamos a entrar ahora. Lo importante es que ahí tenemos un claro precedente del uso propagandístico que los falangistas intentaron hacer desde un primer momento de Unamuno —reconocido por ellos— y del inmediato desencuentro que sobrevino después. Según cuenta, por su parte, Luciano González Egido, el catedrático Wenceslao González Oliveros «le llegó a proponer un día [a Unamuno]: "Usted tiene reservada la misión de contribuir a la formación del ideario de Falange". La respuesta de don Miguel fue tajante: "Yo soy un liberal; y no puedo cambiar mi liberalismo por esas zarandajas. [...] Aunque el mundo entero se orientase a favor de los regímenes antiliberales, por eso mismo yo sería liberal, cada vez más liberal. ¿Cómo iba yo a colaborar con la doctrina fascista?"». De modo que los falangistas sabían por experiencia que Unamuno podía ser muy útil para sus intereses en un determinado momento, pero también que el escritor diría siempre lo que pensaba, como intelectual libre y heterodoxo que era, sin importarle las consecuencias. Y eso fue lo que pasó el 12 de octubre de 1936; así que nadie dudaba que don Miguel podría volver a hacerlo desde su confinamiento si no lo callaban.

Bartolomé Aragón, el único testigo

Bartolomé Aragón fue el único testigo de la muerte de don Miguel, aunque no está del todo claro si fue el único que estuvo presente en el momento preciso de la expiración. Por otra parte, cabe preguntarse si fue algo más que un testigo. La duda es legítima y natural, dadas las circunstancias, y a buen seguro son muchos los que se la han planteado en voz baja o para sus adentros. Sin embargo, casi nadie se ha preocupado por averiguarlo. De una manera u otra, Unamuno y Aragón se nos presentan unidos para siempre. Del primero sabemos bastante, aunque no todo lo que se dice de su persona sea cierto; del segundo muy poco, y una parte resulta más bien dudosa. Si ahora estamos hablando de Bartolomé Aragón es porque fue el último interlocutor de don Miguel. Él, de alguna forma, escribió el acto final de la vida de Unamuno, y las últimas palabras de este son, probablemente, una invención suya. Con ellas se ha ganado la posteridad, aunque nadie —salvo nosotros ahora— le reconozca la autoría. A lo largo de su vida, escribió numerosos informes y tres libros que pocos leyeron, pero con un par de frases se ganó la gloria literaria. Ese es su mayor mérito, lo que ha hecho que pasara a la historia de la literatura, aunque solo sea como una nota a pie de página. La muerte de Unamuno lo inmortalizó, valga la paradoja.

Pero ¿quién era en realidad Bartolomé Aragón? Y, sobre todo, ¿quién no era? ¿Qué relación tenía con Miguel de Unamuno? ¿Cuáles eran sus verdaderos sentimientos hacia él? Por lo general, se lo ha considerado un exalumno, un discípulo, un amigo o al menos un admirador del escritor vasco, y así sigue constando en algunas biografías. Sin embargo, Aragón jamás fue alumno de

Unamuno; de hecho, no estudió en la Universidad de Salamanca, como es fácil comprobar por cualquiera con solo consultar los archivos de esta prestigiosa institución. Había cursado estudios superiores en Sevilla y en Madrid, donde terminó los de Intendencia Mercantil a finales de los años veinte. Luego se fue a París; allí trabajó en la Banque de l'Union Parisienne y asistió a algunas clases en la Sorbona, al tiempo que se examinaba por libre de Derecho en la Universidad Central de Madrid, hasta obtener la licenciatura, lo que en verdad resulta muy meritorio. A su regreso, trabajó con Joaquín Garrigues Díaz-Cañabate, catedrático de Derecho Mercantil en la Universidad madrileña, que le consiguió una beca en 1932 para estudiar en la Escuela de Ciencias Corporativas de la Universidad de Pisa, en la que se diplomó en 1934. Por cierto que de ese centro surgieron importantes teóricos del corporativismo fascista, por lo que no es de extrañar que Bartolomé Aragón se convirtiera pronto en gran defensor de ese sistema económico y político.

El que sí fue alumno de Unamuno fue el cuñado de Aragón, Alfredo Malo Zarco, que, aparte de ese parentesco político, no tenía nada que ver con él. Casado con su hermana Aquilina, era catedrático de Lengua y Literatura en el instituto de La Rábida y estaba vinculado a la Institución Libre de Enseñanza. Según se sabe, consiguió una beca para estudiar Filosofía y Letras en Salamanca, donde tuvo como profesor a Unamuno, al que solía referirse como «maestro al que venero». Esta circunstancia pudo haberla incorporado luego Bartolomé Aragón a su propia biografía.

Alfredo Malo Zarco fue promotor de diversas acciones culturales en Huelva, como la creación de una biblioteca circulante, lo que contrasta con algunas actividades de su cuñado, que llegó a protagonizar una quema de libros de la que luego hablaremos. Por otra parte, Zarco fue expedientado en octubre de 1939 por la Comisión C para la depuración del profesorado de Huelva. Entre los cargos que se le imputaban estaba el de propagar ideas marxistas. En el pliego de descargos, como argumento para su defensa, que asumió personalmente, hace constar: «[Los alumnos] dirán si en mi clase se ha mezclado, ni directa ni veladamente, la política. En cambio, creo haber colaborado en más tareas docentes de las que se me exigían. He creído obrar siempre en conciencia y ganarme algún respeto». En otro momento, deja clara su posición por medio de una pregunta retórica: «¿Es que todo el interés por el obrero, por el humilde —que lo siento y creo que lo sentiré mientras viva— tiene que ser marxismo o socialismo?». El resultado fue que Zarco perdió su condición de catedrático y tuvo que marcharse a Osuna. Más tarde sería profesor en el instituto de San Isidoro de Sevilla, entre otros del expresidente Felipe González, que, al parecer, aún lo recuerda con cariño.

Tampoco fue Bartolomé Aragón discípulo o amigo del escritor vasco. Como es sabido, este último cultivó con fruición el género epistolar, pero no se tiene constancia de ninguna carta intercambiada entre ellos durante el tiempo en que aquel estuvo ausente de Salamanca; ni en los escritos personales de don Miguel aparece mención alguna a Aragón. Sus únicos contactos con anterioridad al 31 de diciembre de 1936 fueron, como ya hemos visto, por su condición de docente.

Sabemos que, tras su regreso de Pisa en 1934, Bartolomé Aragón trabajó como profesor ayudante de Joaquín Garrigues, su mentor, hasta que en septiembre de 1935 fue nombrado catedrático por oposición de Legislación Mercantil Comparada en la recién creada Escuela Profesional de Comercio de Salamanca, que dependía del Ayuntamiento y la Diputación Provincial. Meses después, en diciembre de 1935, consiguió la plaza de profesor auxiliar temporal de Derecho Mercantil y Economía Política de la Facultad de Derecho de la Universidad de Salamanca. Según testimonio de Aragón, en esa época fragua amistad con el catedrático de Historia del Derecho Manuel Torres López, que durante la guerra trabajará para la oficina de Prensa y Propaganda, y pronto llegará a ser alcalde de Salamanca, consejero nacional de la Falange y uno de los autores del famoso *Dictamen sobre la ilegitimidad de los poderes actuantes en 18 de julio de 1936*, con el que se trataba de demostrar la «ilegitimidad» del Gobierno de la Segunda República en ese infausto año, algo que, por lo visto, preocupaba mucho a Franco.

Otra de las amistades salmantinas de Aragón era el catedrático de Derecho Político Nicolás Rodríguez Aniceto, que durante la guerra será censor y colaborador de prensa extranjera para la oficina de Prensa y Propaganda y juez instructor de la Comisión Provincial de Incautación de Bienes por el Estado. Junto a Manuel Torres, fue uno de los socios fundadores de la Asociación e Instituto de Derecho Internacional Francisco de Vitoria, vivero de muchos de los legitimadores del alzamiento militar. Según el historiador Luis Castro, ambos tuvieron, junto con otros profesores de la Facultad de Derecho, «funciones de *think tank* ideológico para el Nuevo Estado», algo así como suministradores de ideas, argumentos jurídicos y propuestas para el incipiente régimen. Y Aragón se refiere a ellos, en alguna ocasión, como sus «queridos y admirados compañeros», aquellos con los que compartía algunos intereses.

Estamos ya en el verano de 1936; el estallido del golpe militar sorprende a Bartolomé Aragón de vacaciones en su tierra, Huelva, donde había nacido veintisiete años antes en una familia de comerciantes. En agosto, se alistó como voluntario en el Tercio de Requetés «Virgen del Rocío», encuadrado en principio en la Columna Pérez de Guzmán. La milicia requeté se caracterizaba por su ímpetu guerrero; de modo que está claro que quería ir al frente para entrar en combate. Hay una foto en la que se le ve con un grupo de jóvenes que posan alegres frente a la cámara. Son miembros del mencionado tercio de Huelva. Aparece agazapado, con traje y gafas. Antes de incorporarse, organizaron un viacrucis bajo el lema «Por la salvación de España», palabras que concuerdan con las últimas pronunciadas supuestamente por Unamuno, según el testimonio del propio Bartolomé Aragón, que, como ya hemos insinuado, podría ser su verdadero autor.

El Tercio de Requetés «Virgen del Rocío» se integró pronto en la Columna Redondo por orden de Gonzalo Queipo de Llano. Esta participó en la ocupación de Tharsis, Riotinto y Nerva entre el 20 y el 26 de agosto. La Columna Redondo está formada por infantería, caballería, zapadores, ametralladoras, aviación y Guardia Civil. Todos confluyen en la cuenca minera, dejando a su paso un reguero de sangre, dolor y muerte. Una muestra: el 25 de agosto el Ayuntamiento republicano de Nerva se rinde; el alcalde, junto a otras doscientas personas, huye; en el pueblo minero solo quedan viudas, huérfanos y mujeres, que serán víctimas de una brutal represión:

unas doscientas serán asesinadas y otras muchas, violadas y rapadas. En Nerva se encuentra la mayor fosa común de la Guerra Civil en un entorno rural; a ella se arrojaron más de mil cuatrocientos asesinados, muchos de ellos mineros, y todavía quedan más de quinientos cadáveres por exhumar.

Por lo que sabemos, Bartolomé Aragón desarrolló una importante labor en la retaguardia en la ciudad de Huelva, como destacado miembro de la Falange local. Es posible que, para entonces, ya hubiera regresado del frente, si bien en su expediente militar, conservado en el Archivo Militar de Ávila, encontramos informaciones contradictorias a este respecto, dado que en él hay una declaración jurada fechada el 12 de mayo de 1975 —a juzgar por su edad en ese momento, lo más probable es que lo hiciera para reclamar alguna pensión— donde afirma: «Al iniciarse el Movimiento Nacional me encuadré voluntario en una columna mandada por el Teniente de Navío Ilmo. Sr. D. Pedro Pérez de Guzmán en la campaña de Río-Tinto permaneciendo en este frente desde 15 Agosto 1936 hasta Enero de 1937». No obstante, en la página anterior se hace constar que estuvo en dicho frente del 20 de agosto al 20 de noviembre de 1936. Nada dice, por lo demás, de su estancia de dos meses en Salamanca, como si esta no se hubiera producido, lo que nos parece significativo. De lo que sí habla es de otro período en el que estuvo ausente del campo de batalla: «Solamente en un período de un mes fui reclamado por el Ministerio de Organización y Acción Sindical, al constituirse el primer Gobierno en Burgos, permaneciendo un mes en retaguardia...». Recordemos que este se constituyó el 30 de enero de 1938.

Por otra parte, y para más confusión, en ese mismo expediente militar hay otro escrito, fechado el 16 de mayo de 1975 y atribuido al teniente coronel de infantería Esteban Martín Arribas, jefe directo de la milicia nacional, en el que se certifica que, según los antecedentes obrantes en el archivo de su dependencia, Bartolomé Aragón prestó «servicios de campaña en el Sector de Río Tinto hasta el 25 de octubre del mismo año, que pasa al Frente de Córdoba, Sector de Bujalance». Sabemos que Bujalance fue el siguiente destino de la Columna Redondo tras la ocupación de la cuenca minera de Riotinto y que la llegada a su objetivo se produce el 22 de diciembre de 1936, momento en el que Aragón llevaba ya un mes en Salamanca. De modo que su ubicación en tal sector podría ser una suposición por parte del mando militar basada en una información incompleta o poco veraz. ¿Facilitada por el propio interesado? La certificación, por cierto, no está firmada y tampoco señala hasta cuándo Bartolomé Aragón permanece en ese nuevo frente. Lo siguiente que dice es que «el 24 de enero de 1937 es pasaportado para Burgos»; en este caso, para hacer los cursillos de alférez provisional.

Por otra parte, está documentado que el 25 de octubre de ese año Bartolomé Aragón se estrena, de forma oficial, como director del periódico *La Provincia*, de Huelva, que acababa de ser requisado a los propietarios por los falangistas de dicha ciudad, refundado y rebautizado como *La Provincia (Diario de Falange Española de las JONS)* o, de manera simplificada, *La Provincia de FE*. Según la publicidad insertada en el propio diario, este «defenderá dos principios fundamentales: DIOS y ESPAÑA (una, grande y libre)». (Dios y España, de nuevo las dos palabras básicas de su ideario político). En ese mes de octubre, además, nuestro hombre era nada menos que jefe de Prensa y Propaganda de Falange Española de Huelva. Lo más probable es que se afiliara a comienzos de la guerra o, como muy pronto, a su vuelta de Pisa, donde se convierte al fascismo, pero esto no le impidió alistarse en el Tercio de Requetés, ya que él quería combatir y estos fueron los primeros en entrar en acción. Como falangista, participa en diversos actos en su ciudad, entre los que destaca la celebración del tercer aniversario de la fundación de la Falange, de la que luego hablaremos.

Dicho esto, cabe hacerse algunas preguntas. ¿Cómo es que, entre el 25 de octubre y el 20 de noviembre, pudo estar al mismo tiempo peleando en el frente —ya fuera en el de Riotinto, según él, o en el de Córdoba, según la certificación militar— y dirigiendo un periódico y otras labores de propaganda en la retaguardia onubense? ¿Por qué en el expediente militar no se menciona su estancia en Salamanca entre finales de noviembre del 36 y finales de enero del 37? Sin duda estamos ante un misterio más de los muchos que rodean la vida de Bartolomé Aragón. Si a eso añadimos que en alguna ocasión declara que cuando regresó a Salamanca, en torno al 20 de noviembre, procedía de Jaca, y no de Huelva, habremos de concluir que Aragón estaba dotado del maravilloso don de la ubicuidad.

Lo que está bien claro es que el artículo que firma en el número inaugural de la nueva época del periódico *La Provincia* está dedicado precisamente a la celebración del 12 de octubre en La Rábida por parte de Falange Española, donde también estuvo presente, como buen falangista que era. En él habla con entusiasmo del significado histórico y simbólico de esa fecha para la organización en la que milita. El texto va acompañado de varias fotografías en las que puede contemplarse La Rábida con estética nazi: un escenario de grandes proporciones decorado con enormes banderolas de la Falange en el que tiene lugar un desfile efusivo y multitudinario.

El periódico, por lo demás, había venido desempeñando ya labores propagandísticas en favor de los sublevados con anterioridad a convertirse en *La Provincia de FE*, y en él encontramos varias noticias referidas a Unamuno, posiblemente suministradas por el propio Aragón. Por ejemplo, el 26 de agosto aparece el siguiente titular: «Unamuno ha dado 50.000 pesetas para el ejército». En realidad, fueron cinco mil. ¿Se trata de una errata o de una falsedad deliberada con la intención de exagerar el apoyo que supuestamente Unamuno había dado a los golpistas? Los que no creemos en las casualidades hemos de pensar que fue algo intencionado; de hecho, si se lee el cuerpo del artículo, puede comprobarse que la cifra se repite, lo que refuerza la sospecha de que estamos ante una manipulación propagandística. Por otra parte, sabemos que, si bien es cierto que dio algún dinero, fue forzado a ello, y en ningún caso se trató de una cantidad tan desorbitada. Dadas las penurias económicas que atravesaba la familia, ni siquiera es verosímil el abono voluntario de las cinco mil pesetas, y menos con la celeridad con la que se realizó dicha donación, que equivalía a unos seis meses de pensión para don Miguel. De hecho, en el documento de ingreso bancario por parte de este no figura la firma de la persona que aporta la suma, lo que podría deberse a que el dinero requerido lo ingresó en realidad algún empresario salmantino, tal y como está documentado en el caso de otras personalidades en una situación similar a la de Unamuno.

Asimismo, hay que recordar que estas aportaciones eran obligatorias para los funcionarios civiles y militares. Y está comprobado que los sublevados, a través de la oficina de Prensa y Propaganda, hacen un uso propagandístico y ejemplar de determinadas donaciones, suscripciones patrióticas, requisas, multas…, con el objeto de favorecer otras nuevas y mostrar la adhesión de algunas personas notables al bando golpista. De ahí que se le dé bastante publicidad al hecho, como puede verse en *El Adelanto* y *La Gaceta Regional de Salamanca* del 11 de agosto, donde encontramos el nombre de Miguel de Unamuno y Jugo junto a la cifra de cinco mil pesetas en una «Relación de las cantidades recibidas en el Banco de Bilbao, de Salamanca, para la suscripción provincial para las Fuerzas Salmantinas». Como curiosidad, diremos que en el periódico *Le Petit Parisien* del 5 de enero de 1937 pudo leerse: «La donación de Unamuno es de 15.000 pesetas». ¿De nuevo una errata de imprenta?

Pero el arriba mencionado no es el único titular referido a don Miguel que encontramos en el diario de Huelva antes de que Bartolomé Aragón lo dirigiera de forma oficial. El 1 de octubre aparece este otro: «Unamuno declara que está con el Ejército, que es como estar al lado de España». Sin embargo, a esas alturas, don Miguel ya abominaba de las terribles acciones de los militares sublevados.

Dadas sus responsabilidades en la Falange de Huelva, es muy posible que Bartolomé Aragón entrara en contacto por entonces con Millán Astray, ya que sabemos que, cuando este regresó a España procedente de Argentina para sumarse al alzamiento, desembarcó en Lisboa y desde allí se dirigió a Ayamonte por carretera, cruzando el río Guadiana en el trasbordador, y luego a Huelva, donde entró el 13 de agosto, justo antes de que Bartolomé marchara al frente. En la capital onubense fue recibido con gran expectación. «Durante su breve estancia de ayer en Huelva —leemos en *La Provincia* del día siguiente—, el glorioso y bravo general Millán Astray quiso expresar su entusiasmo y admiración por las milicias de Falange Española de Huelva, y después de hacer un cálido elogio de los servicios que vienen prestando a la causa de España en estos momentos, accedió a firmar su ficha de ingreso en las filas de los bizarros falangistas onubenses». Esta es, por cierto, la única constancia que tenemos de que Millán Astray se afiliara a la Falange en ese momento y en ese lugar. Nos encontramos, por lo demás, ante un acto propagandístico de la Falange en el que lo más probable es que estuviera presente Bartolomé Aragón. El periódico también recoge algunas declaraciones de Millán Astray sobre el golpe: «Os engañan los que dicen que este es un movimiento militar; es un movimiento netamente nacional». Más tarde, el fundador de la Legión continuó viaje a Sevilla, donde Franco le encomendó ya algunas labores de prensa y propaganda al servicio de la causa de los sublevados.

El hombre que quemaba libros

Uno de los hechos más llamativos de Bartolomé Aragón durante esos primeros meses de la guerra fue haber impulsado y animado en Huelva un importante «Auto de Fe»; así lo llama él con gran acierto. Ocurrió el 29 de octubre de 1936, apenas dos meses antes de la muerte de Unamuno y diecisiete días después del suceso del paraninfo. Por supuesto, no fue esta la única quema de libros realizada durante la Guerra Civil. Lamentablemente, hubo muchas. En esos meses iniciales de la contienda, los sublevados se incautaron de numerosos libros de bibliotecas públicas y particulares, así como de editoriales y librerías, que enseguida fueron destruidos. En una orden del 7 de diciembre de 1936, publicada en Burgos tres días más tarde, el presidente de la Comisión de Cultura y Enseñanza, el escritor José María Pemán, proclama lo siguiente sobre la destrucción de libros: «El carácter de la depuración que hoy se persigue no es solo punitivo, sino también preventivo. Es necesario garantizar a los españoles que con las armas en la mano y sin regateos de sacrificios y sangre salvan la causa de la civilización que no se volverá a tolerar, ni menos a proteger y subvencionar a los envenenadores del alma popular, primeros y mayores responsables de todos los crímenes…». Curiosa forma de salvar la civilización occidental, reduciéndola a cenizas, al menos una buena parte de ella. Pero lo peor es que la quema de libros corre pareja con otras depuraciones, como las de los maestros de escuela, los profesores de secundaria y los docentes universitarios, que, en su mayoría, perdieron sus puestos y sus cátedras durante o después de la guerra y, en muchos casos, la libertad y la vida. Ya lo dijo Heinrich Heine: «Allí donde queman libros, acaban quemando hombres».

Uno de los más exaltados partidarios de la quema de libros fue el falangista Fernando García Montoto, que en una charla radiada por la emisora de la Guardia Civil de Tetuán el 12 de noviembre de 1936 indicaba lo siguiente: «Significa que el libro y la prensa mal inspirados —verdaderamente estupefacientes del alma— habían intoxicado ya la conciencia colectiva, aletargándola. Significa, en fin, que el Enemigo estaba a punto de conseguir su objeto de corromper la médula de un gran pueblo. Guerra, por tanto, al libro malo. Imitemos el ejemplo que nos brinda Cervantes en el capítulo sexto de su Obra inmortal. Y que un día próximo se alcen en las plazas públicas de todos los pueblos de la nueva España las llamas justicieras de fogatas, que al destruir definitivamente los tóxicos del espíritu almacenados en librerías y bibliotecas purifiquen el ambiente, librándolo de sus mismos contaminadores. ¡Arriba España! ¡Viva Franco! ¡Viva España!».

Naturalmente, estas prácticas nos traen de inmediato a la memoria las grandes quemas de libros organizadas o instigadas por el ya mencionado ministro de Propaganda Joseph Goebbels en la Alemania de Hitler, como las llevadas a cabo en diversos lugares por las juventudes del Partido Nazi el 10 de mayo de 1933. Pero en la España de Franco también fueron frecuentes, aunque sean menos conocidas, y, para constatarlo, hay elocuentes imágenes, como esa filmación escalofriante, recién recuperada e incluida en *Palabras para un fin del mundo*, en la que se ve a unos niños realizando el saludo fascista frente a una hoguera de libros delante del escaparate de una librería. Tan triste ritual se repite en muchas ciudades, y los periódicos del bando sublevado dan cuenta de ello de inmediato. Por ejemplo, en el *ABC* de Sevilla del 26 de septiembre de 1936 podemos leer:

> Una de las cosas que más daño ha producido en la sociedad española, sobre todo en la juventud y en las masas obreras, ha sido la lectura de libros pornográficos y de propaganda revolucionaria, en especial la de autores rusos.
>
> A tal descaro y profusión se había llegado en esto, que con dichas lecturas se había envenenado las almas puras de la juventud y la sencillez y nobleza de los obreros. Los puestos de honor

en las librerías los ocupaban dichas publicaciones, que solo tenían por fin inculcar la rebeldía y el odio, así como relajar la moralidad y buenas costumbres de los españoles: los resultados los estamos viendo, desgraciadamente, en los pueblos donde las hordas de indeseables marxistas actúan o han actuado.

En nuestra querida capital, al día siguiente de iniciarse el movimiento del Ejército salvador de España, por bravos muchachos de Falange Española fueron recogidos de kioscos y librerías centenares de ejemplares de esa escoria de la literatura, que fueron quemados, como merecían. Asimismo, muy recientemente, los valientes y abnegados Requetés realizaron análoga labor, recogiendo también otro gran número de ejemplares de esas malditas e insanas lecturas que deben desaparecer para siempre del pueblo español.

Pero algunos periódicos no se limitan a dar la noticia; a veces desde sus páginas se incita con vehemencia a participar en tales «ceremonias de purificación». Así ocurre en el primer número del periódico *Arriba España*, editado en Pamplona y aparecido el 1 de agosto de 1936: «¡Camarada! Tienes obligación de perseguir al judaísmo, a la masonería, al marxismo y al separatismo. Destruye y quema sus periódicos, sus libros, sus revistas, sus propagandas. ¡Camarada! ¡Por Dios y por la patria!». Esto explica que su director, Fermín Yzurdiaga, clérigo y falangista, acabara siendo nombrado jefe nacional de Prensa y Propaganda en 1937. Eso sí, tres meses después de aquel artículo, ese mismo periódico se veía obligado a llamar a la calma para que no se atacaran las bibliotecas particulares, tal era el celo con el que muchos exaltados estaban actuando. Los que empiezan arrojando al fuego ejemplares de *El Capital* no tardan en quemar Biblias.

Para los sublevados no bastaba, pues, con acabar con los malos españoles; había que terminar también con aquellos libros que los habían corrompido. De ahí que, tan pronto se ocupa una localidad, se organicen hogueras públicas en las calles y plazas, muchas veces delante de las propias librerías o bibliotecas. Así ocurrió, por ejemplo, en Béjar, no muy lejos de Salamanca, en agosto de 1936, como nos recuerda José Antonio Sánchez Paso en un artículo. Se trata de una especie de borrón y cuenta nueva, de una aplicación de la política de tierra quemada que solían practicar los sublevados en el frente, con el fin de arrasar todo lo que tuviera que ver con la cultura y con la República, y, en última instancia, de un acto fundacional de la nueva etapa y del Nuevo Estado que quería implantarse. A este respecto, hay una ilustración aparecida en el diario italiano *Corriere della Sera* el 11 de febrero de 1939 en la que se muestra una enorme hoguera de libros con militares haciendo el saludo fascista y banderas rojigualdas en la plaza de Cataluña, cuyo pie de imagen lo dice todo: «*Vita nuova a Barcellona*». De este asunto, pero referido a La Coruña, se habla también en la novela de Manuel Rivas *Los libros arden mal* (2006).

Los autores y los temas de los libros perseguidos eran de lo más diverso: de la *Política* de Aristóteles y *La República* de Platón a Tolstói y Dostoievski; de las obras de Darwin a los cuentos de Perrault (en este último caso, por contener un título tan provocador como *Caperucita Roja*). Entre los autores españoles perseguidos, se encontraban Vicente Blasco Ibáñez, Clara Campoamor, Pío Baroja, Valle-Inclán, Margarita Nelken o Miguel Hernández, por citar solo unos pocos, así como cualquier libro en gallego, euskera o catalán. Unamuno, por supuesto, no se libró de las llamas justicieras; obras como *La agonía del cristianismo*, *Del sentimiento trágico de la vida*, *San Manuel Bueno, mártir* o su colección de artículos *Contra esto y aquello* estaban en las listas de libros «subversivos» que elaboraban la Iglesia y la Falange, y su número se incrementaría tras el 12 de octubre e incluso después de su muerte.

Y, si en algún momento no se quemaron más libros, fue porque el papel comenzó a escasear tras los primeros meses de la guerra, lo que hizo que se alternaran las hogueras con las guillotinas, como paso previo para su reciclado. El papel, no lo olvidemos, es clave para la prensa y la propaganda. Y aquel que ayer había servido para editar lo que los nazis llamarían «literatura degenerada» se utilizará ahora para imprimir carteles, octavillas, boletines y periódicos en defensa de la causa de los sublevados. No se puede calcular el inmenso daño causado con todo ello, pero se estima que se destruyeron cientos de toneladas de libros y otras publicaciones. Después, durante las casi cuatro décadas de dictadura, el régimen se encargaría de borrar las huellas de este terrible bibliocausto. Lo tenían muy fácil, pues las pruebas del delito habían desaparecido.

Al igual que ocurrió con la represión de los perdedores, la destrucción de los libros continuó después de la guerra. Y, para demostrarlo, basta mencionar un acto que lo resume todo. Se trata de una peculiar celebración del Día del Libro en la Universidad Central de Madrid, la actual Complutense, pocas semanas después de acabado el conflicto, el 23 de abril. Y qué mejor forma de conmemorarlo que quemando libros, tal y como recoge el diario *Ya* del 2 de mayo, bajo el título de «Auto de fe en la Universidad Central. Los enemigos de España fueron condenados al fuego», en el que, entre otras cosas, se dice:

> El Sindicato Español Universitario celebró el domingo la Fiesta del Libro con un simbólico y ejemplar auto de fe. En el viejo huerto de la Universidad Central —huerto desolado y yermo por la incuria y la barbarie de tres años de oprobio y suciedad— se alzó una humilde tribuna, custodiada por dos grandes banderas victoriosas. Frente a ella, sobre la tierra reseca y áspera, un montón de libros torpes y envenenados. […] Y en torno a aquella podredumbre, cara a las banderas y a la palabra sabia de las Jerarquías, formaron las milicias universitarias, entre grupos de muchachas cuyos rostros y mantillas prendían en el conjunto viril y austero una suave flor de belleza y simpatía. […] Prendido el fuego al sucio montón de papeles, mientras las llamas subían al cielo con alegre y purificador chisporroteo, la juventud universitaria, brazo en alto, cantó con ardimiento y valentía el himno *Cara al sol*.

En ese acto, el catedrático de Derecho Antonio Luna, delegado provincial de FET de las JONS en Madrid y secretario nacional de la Jefatura de Educación, llegaría a proclamar: «Para edificar a España una, grande y libre, condenamos al fuego los libros separatistas, los liberales, los marxistas, los de la leyenda negra, los anticatólicos, los del romanticismo enfermizo, los pesimistas, los pornográficos, los de un modernismo extravagante, los cursis, los cobardes, los seudocientíficos, los textos malos y los periódicos chabacanos». Para concluir, leyó el célebre pasaje del *Quijote* en el que el cura y el barbero prenden fuego a una buena parte de la biblioteca del ingenioso hidalgo. Al parecer, esta apelación a la obra cervantina fue utilizada con frecuencia «por parte de los intelectuales del franquismo para justificar las innumerables hogueras de publicaciones durante la Guerra Civil y la inmediata posguerra. Era un alegato perfecto: remontarse a las páginas de la más insigne obra en castellano, para demostrar que era una acción justa y necesaria», según nos recuerda la historiadora Ana Martínez Rus en uno de sus reveladores trabajos dedicados a este importante asunto.

Puede que el primero en invocar este pasaje cervantino fuera, precisamente, Bartolomé Aragón. Ocurrió en un acto celebrado en Huelva el 29 de octubre de 1936. Apenas un mes antes, en el discurso de apertura del curso escolar en esa provincia, nuestro hombre había saludado «a la juventud animosa de Falange que llenaba totalmente el salón felicitándoles por el hecho de haber sabido alternar el fusil con el libro y con la palabra para ofrendarlo en holocausto de España». Asimismo, recordó que en las universidades italianas y alemanas «los estudiantes sirven a la Patria a través del fusil y el libro, igual que Falange, que tiene por lema del S. E. U. "Libro y fusil, falangista en perfil"». Se trata de un lema, por cierto, inspirado en el que usaban los fascistas italianos: «*Libro e moschetto, fascista perfetto!*» (¡Libro y fusil, fascista perfecto!). Pero esta exaltación del libro —siempre compañero del fusil, remedando las célebres palabras de Nebrija— no le impedirá promover y liderar la quema de aquellas obras que, desde su ideología fascista, consideraba perniciosas. El hecho tuvo lugar durante la conmemoración del tercer aniversario de la fundación de la Falange en Huelva. Según vemos en algunas fotografías publicadas por el periódico *La Provincia de FE*, que él entonces dirigía, ese día numerosos hombres, mujeres y niños desfilaron en perfecta formación con banderas de la Falange en una gran explanada. También hubo una misa por los caídos y un acto de afirmación nacional en el Gran Teatro, tal vez en recuerdo del mitin fundacional del partido. Pero lo mejor vino después. Como cierre de la celebración, los falangistas se dirigieron a la plaza del 12 de Octubre (al parecer, Aragón y los suyos tenían gran querencia por esa fecha), donde los actos del día culminarían a las diez de la noche con una gran quema de libros, una especie de auto de fe o, mejor dicho, de FE «de libros marxistas». Así lo resume el propio periódico:

> Puso anoche Falange Española, con el Auto de Fe y el desfile de camaradas con antorchas encendidas, el colofón de los actos que tenía preparados para conmemorar la fecha del 29 de octubre. Antes de empezar el Auto habló el jefe de la Secretaría Política de Falange, nuestro director, camarada Bartolomé Aragón. [...]
>
> Y se extendió sobre consideraciones de suma importancia que ligaban la Historia de España con aquel momento. Y habló sobre la significación del acto. Sobre el 12 de octubre de 1492 y el 29 de octubre de 1933. Sobre la quema de los libros marxistas y amorales; sobre la tradición de la quema; sobre la masonería, libros pornográficos, libros inmorales. Trata de la literatura socialdemócrata; *El Capital* de Marx y el *Manifiesto comunista* de Engels; del anarcosindicalismo; del nacionalsindicalismo. [...]
>
> Y mientras el camarada Aragón habla, los libros que consiguieron invertir el sentido nacional de España durante unos años arden e iluminan los tres PRESENTES que en relieve están clavados en los tres obeliscos.
>
> Y después se efectúa el desfile. Se apagan las luces. Y dos mil falangistas seleccionados pasan marciales dando a las calles y al momento el más fantástico de los aspectos.

Dos días después del acto, el periódico reproduce íntegramente el discurso de Aragón; en él llama la atención la justificación del auto de fe: «A pesar de que pueda haber quien piense que el acto de quema simbólica que realiza esta noche Falange es un acto exótico de importación, por recordar quizás la quema reciente de los estudiantes de Heidelberg o la de la plaza berlinesa del Reichstag, hemos de decirles que no conocen o han olvidado lo mejor de nuestra literatura». Se refiere, claro está, al *Quijote*, y más concretamente al ya aludido capítulo VI, el titulado «Del donoso y grande escrutinio que el cura y el barbero hicieron en la librería del ingenioso hidalgo», aquel en el que estos dos personajes, a petición de la sobrina de don Quijote, llevan a cabo una purga en la biblioteca de este con la consiguiente quema de libros. Y, para rememorarlo y legitimar así el acto que estaba teniendo lugar ante él, Aragón leyó un amplio pasaje de dicho capítulo, que el periódico transcribe de este modo: «Mandó el Barbero que le fuesen dando aquellos libros. Uno a uno. Para ver de qué trataban, pues podía ser hallar algunos que no necesitara el castigo del fuego. No, dijo la sobrina, no hay para qué perdonar a ninguno, porque todos han sido los dañadores: mejor será arrojarlos por las ventanas y pegarles fuego…».

No obstante, hay que reconocer que Bartolomé Aragón se muestra magnánimo con algunos libros escritos por notorios republicanos, debido a sus valores literarios:

> Yo me acuerdo de la poesía de nuestro tiempo, del *Romancero gitano* («… y yo me la llevé al río, creyendo que era mozuela, pero tenía marido…»), de *Bodas de sangre*, de García Lorca; del «Torillo fiero» («… alas en las zapatillas, cógeme torillo fiero…»), de *El hombre deshabitado*, de Alberti; del monumental *Platero* de nuestro eximio paisano Juan Ramón Jiménez… Y digo con el Cura del *Quijote*: «Estos no merecen ser quemados, a pesar de que algunos, como Alberti, bebiera en Rusia». En cambio, habremos de quemar toda la literatura de una triple significación: inmorales, de masonería y marxistas.

Podría haber mencionado Bartolomé Aragón los autos de fe del Santo Oficio de la Inquisición, de muy larga, asentada y acendrada tradición en España, pero prefirió dignificar el acto con la autoridad y el prestigio de Miguel de Cervantes, el espíritu más irónico y tolerante de la historia de la literatura española, al que en su discurso invoca para justificar la destrucción de obras impresas. ¿Cómo es posible, entonces, que alguien que impulsa, aplaude y respalda de esa manera la quema de libros, sean del tipo que sean, pueda admirar o siquiera respetar a don Miguel de Unamuno? Recordemos que, a lo largo de su vida, este fue apropiándose del personaje cervantino e hizo del quijotismo nada menos que una filosofía, una metafísica, una lógica, una ética, una estética, un modo de conocimiento y hasta una religión, una especie de síntesis de cristianismo y de ese misticismo de la libertad propio de don Quijote, al que Unamuno considera nada menos que el Cristo español. Imaginemos, por tanto, cómo habría reaccionado don Miguel si hubiera tenido noticia del auto de fe celebrado en Huelva y de las palabras pronunciadas por el que todavía hoy muchos consideran su amigo o discípulo. Si se hubieran molestado un poco en indagar en la vida y obra de Bartolomé Aragón en esas fechas, no lo habrían estimado así.

El retorno del falso discípulo

Con semejante perfil, resulta muy difícil creer que Bartolomé Aragón pudiera haber admirado sinceramente a Unamuno o sentido alguna clase de afecto y respeto por él. Al joven falangista, como a algunos líderes de su organización, tan solo le interesaba por su gran prestigio y relevancia internacional. Y eso lo supo ver muy bien desde la distancia el yerno y secretario personal de don Miguel, José María Quiroga, quien algún tiempo después de la muerte del intelectual llegará a escribir: «Esos merodeadores seudoliterarios infiltrados entre sus carceleros de última hora que descaradamente se atreven a llamarse "discípulos" suyos, creyendo, por las trazas, que cabe alzarse con discipulazgos como se roban carteras». Se trata, en fin, de gente sin demasiados escrúpulos dispuesta a hacer cualquier cosa para lograr sus objetivos, lo que explica que Unamuno, en una carta dirigida a Quintín de Torre, definiera con su habitual perspicacia el «¡Arriba España!» como el «santo y seña de arribistas», de esos que quieren aprovechar la sublevación militar y la guerra subsiguiente para medrar y satisfacer sus ambiciones personales y políticas a costa de quien sea y de lo que sea. «¡Arriba España! Sí, y abajo los arribistas», leemos en un diálogo ficticio incluido en *El resentimiento trágico de la vida*, al igual que en el borrador de un poema escrito por Unamuno a finales de noviembre o principios de diciembre del 36.

Precisamente unos días antes, hacia el 20 de noviembre (en esa fecha, por cierto, fue ejecutado José Antonio, al que los sublevados se referirán luego como «el Ausente»), Bartolomé Aragón había regresado a Salamanca, en apariencia con el fin de cumplir las diversas órdenes y disposiciones ministeriales que obligaban a los profesores de universidad y de los institutos nacionales de segunda enseñanza y asimilados, entre ellos las escuelas de comercio, a reintegrarse a sus destinos para llevar a cabo algunas de sus tareas académicas. A Margaret Rudd le dijo que había ido solo para examinar, pero, según puede comprobarse en los archivos de la Universidad de Salamanca, no hay ninguna documentación al respecto. ¿Viajó a la ciudad del Tormes con alguna otra misión? No lo sabemos, pero no sería nada extraño. Lo que está claro es que no procedía de Jaca, como declaró alguna vez, ni tampoco llegaba directamente del frente de Riotinto, sino más bien de la retaguardia de Huelva, donde, como ya vimos, era jefe de Prensa y Propaganda de la Falange local.

El caso es que el 21 de ese mes asiste al claustro de la Escuela de Comercio, así como los días 8 y 15 de diciembre. De momento, no tenemos constancia en ningún papel de que se integrara en la Falange salmantina o colaborara con la oficina de Prensa y Propaganda dirigida por Millán Astray, pero eso no significa que no lo hiciera. Vista la gran actividad desplegada en Huelva durante los meses precedentes, tanto en el frente como en la retaguardia, es inimaginable pensar que en Salamanca, donde en ese momento se cocía todo lo relativo a la guerra y a la futura construcción del Nuevo Estado, se estuviera quieto; sobre todo si tenemos en cuenta que muchas de sus amistades anteriores a la guerra se habían integrado en la mencionada oficina. Lo más probable, pues, es que participara en algunas tareas de forma ocasional y secreta; de ahí que no haya quedado rastro de ello en ninguna parte.

Lo que sí sabemos es que, a comienzos de diciembre, fue nombrado miembro de la Comisión C para la depuración del profesorado, cuyo fin era recabar informes, instruir expedientes y proponer resoluciones sobre el personal adscrito a los institutos de segunda enseñanza y escuelas de maestros, de comercio y de artes y oficios. Asimismo, fue designado por entonces vocal del Tribunal Contencioso-Administrativo de Salamanca. Y es probable que se dedicara también a revisar su libro sobre economía corporativa, ya que algunos de sus compañeros y amigos de la Facultad de Derecho le habían animado a que lo publicara. Sería su primera aportación intelectual al Nuevo Estado.

Solo habían pasado algunas semanas desde el incidente del 12 de octubre. ¿Cómo se tomaría Bartolomé Aragón la conducta de Unamuno en el paraninfo? Lo ignoramos, pero es razonable pensar que no muy bien, dadas sus ideas y actitudes, absolutamente contrarias al pensamiento y a la conducta de don Miguel. Por otro lado, comprobaría el rechazo que hacia el escritor había en la ciudad. En cualquier caso, no consta en ninguna parte, ni él lo menciona de forma precisa, que tratara de visitar a Unamuno antes del 31 de diciembre. ¿Por qué decide, entonces, ir a verlo precisamente en esa fecha? ¿Qué buscaba en realidad Bartolomé Aragón? ¿Cuál era su verdadera intención? ¿Persuadirlo de algo? ¿Confortarlo? ¿Acaso sintió piedad por él, a causa de su triste situación? ¿O quería más bien reprocharle su comportamiento? ¿Iba por propia iniciativa o se lo había ordenado o solicitado alguien?

Del sentimiento trágico de la muerte (interludio literario)

El día en que iba a morir, Miguel de Unamuno se despertó a las ocho de la mañana, como era habitual en él. Su hija Felisa le llevó el desayuno a la cama y le comentó que había nevado. Era jueves, 31 de diciembre de un año aciago que parecía no tener fin. ¿Recordó don Miguel su poema de treinta años antes? ¿Presintió que ese iba a ser su último día, que esa tarde tenía una cita con el destino? ¿Escuchó alguna voz interior que le advirtiera: «Guárdate de esta postrera jornada»? Hacía semanas que la muerte sobrevolaba su casa como un cuervo negro. Pero llevaba tanto tiempo conviviendo con ella en el interior de su alma que no sabía si debía hacer caso a sus temores y premoniciones. Lo cierto es que cada día estaba más convencido de que iban a asesinarlo. De todas formas, el hecho en sí no le preocupaba demasiado. Lo que en verdad le importaba era la huella que de su vida iba a dejar en los demás, y, sobre todo, la del momento final, pues con frecuencia era el último acto lo único que la mayoría recordaba de la existencia de un ser humano. Por eso era tan relevante saber morir. Si él pudiera elegir su muerte, seguramente optaría por caer abatido por los disparos de los militares sublevados después de haberles dicho lo que pensaba, como aquel día en el paraninfo, ya que de esta forma sería recordado como lo que era: un agonista.

¿Había algún signo en el aire que presagiara que esa podía ser la fecha señalada para el desenlace? Tal vez el gélido frío que se colaba por las rendijas de la ventana. No era solo un frío exterior, sino también interior, de esos que se meten en la médula de los huesos y nos hielan por dentro. Tiempo después, Ramón Gómez de la Serna escribirá sobre ese día: «Hace mucho frío, en ese filo del último año, el filo más afilado. Ha debido haber helado en la mañana y la helada es como la guillotina para las cabezas calientes, pensantes». Y ninguna más pensante que la de Unamuno. Cobijado bajo las mantas, comenzó a cavilar. Desde hacía dos meses y medio vivía secuestrado en su propia casa. Por supuesto, podía salir o recibir visitas, casi siempre bajo vigilancia; también escribir notas, poemas y cartas (estas últimas, claro está, habían de ser sometidas luego a censura); incluso conceder alguna que otra entrevista, más o menos supervisada, de cerca o a distancia. Pero se sentía cada vez más solo y amordazado, pues no le estaba permitido comunicarse con sus lectores ni escribir para la prensa. Le habría gustado tanto decirle al mundo que se había equivocado al apoyar en sus inicios el Movimiento, contarles a todos lo que estaba pasando en la zona ocupada por los golpistas…

En esas estaría cuando fue reclamado por su nieto Miguelín, que acudió a buscarlo a la cama. Miguelín era el hijo de Salomé, fallecida tres años antes, y José María Quiroga, que en ese momento estaba en Madrid, en zona republicana, al igual que dos de los hijos de Unamuno, Ramón y José, que se habían alistado voluntariamente en las milicias republicanas, uno en el Batallón Numancia y otro en el Arma de Artillería. Serían ya las diez y media. Después de levantarse y vestirse, el abuelo y el nieto se sentaron a la mesa camilla de la salita del fondo, la que daba al patio ajardinado, la más caldeada de la casa, pues había un brasero y el suelo era de madera. Don Miguel trataría de entretener a Miguelín haciéndole algún dibujo o leyéndole algún viejo cuento o alguna historia navideña. Sin poder evitarlo, contemplaría a su nieto y pensaría en la vida que lo aguardaba en esa España que se estaba dividiendo en dos mitades irreconciliables y desangrando por los cuatro costados, y al final se preguntaría cuál de esas dos Españas le «helaría el corazón» a Miguelín, como diría su querido Antonio Machado. «¿Y qué pensarán mis nietos, cuando sean mayores, de este abuelo suyo tan singular?». Al verlo tan absorto y distraído, Miguelín llamó su atención para que prosiguiera con el cuento o la fábula, que Unamuno reinventaría para él, mientras a lo lejos se oía el ruido de las voces cuarteleras de los militares e incluso algún disparo, alguna bala perdida buscando un pecho caliente en el que alojarse.

A pesar de ello, don Miguel alegró como pudo el semblante, pues de ningún modo quería dejar traslucir ante su nieto sus problemas, su miedo, su desengaño, su enorme desasosiego…

A la hora de la comida, se sentaron todos alrededor de la mesa camilla con faldillas verdes algo ajadas. Además del abuelo y el nieto, estaban María, Felisa y Rafael. Mientras Aurelia, la joven doméstica, servía la mesa, este último informaría a su padre de que a las cuatro y media iba a acudir un joven profesor. Unamuno fruncuría el ceño y su hijo le explicaría con paciencia que había tratado de escurrir el bulto, pero que el otro había insistido mucho y, al final, no había sido capaz de negarse. A Unamuno no le apetecía ver a nadie esa tarde, pero no protestó, pues ese día no quería incordiar a su familia, ya bastante lo había hecho el resto del año. Luego pensó que podría aprovechar la visita para desahogarse; llevaba tiempo sin apenas hablar y necesitaba sacar fuera de sí todo aquello que le rebosaba el corazón. El resto de la comida transcurrió en silencio, tan solo roto por los ruidos y voces que seguían llegando de la calle.

Una vez terminada la sobremesa, don Miguel se fue quedando solo en su sillón frailero, contemplando la higuera del patio, al tiempo que manoseaba un libro. Se trataba de una edición inglesa, ya muy gastada, de algunas tragedias de Shakespeare, su principal compañía en esos días de tribulación. ¿Qué habría sido de su vida sin los libros? ¿Cómo habría podido soportarla? Hacía décadas que vivía en continua conversación con los difuntos, como decía el inmortal Quevedo en uno de sus poemas. Para Unamuno, no había compañeros más fieles y sabios, y, si quería que se callaran, bastaba con cerrarlos y devolverlos al hueco que ocupaban en la biblioteca, a su pequeño nicho, cada uno con su nombre y su título en la lápida.

Poco a poco, la casa se fue vaciando. Primero fue Rafael, que salió para ir a tomar un café en uno de los locales de la plaza. Luego María, que se marchó a ver a su amiga Paquita, la hija de la vecina, que se encontraba aquejada de un fuerte catarro gripal desde hacía varios días. Después le tocó el turno a Felisa, que, tras arreglarse, se fue con su sobrino Miguelín a visitar el belén del Hospital Provincial. En casa solo quedó Aurelia, trajinando en la cocina, pues había mucho que hacer.

Don Miguel comenzó a oír entonces el tictac del reloj en medio de un silencio cada vez más denso y profundo. La vida era eso, pensó don Miguel, irse quedando solo, mientras el tiempo se hace cada vez más perceptible: tictac, tictac… El sopor provocado por la comida y el brasero de cisco hizo que se fuera adormilando, acunado por el péndulo del reloj: tictac, tictac, tictac… Es posible que, en ese duermevela, Unamuno soñara con su difunta esposa, doña Concha, que, una vez más, lo acogería en su regazo para darle fuerzas y ánimo en medio de tantas turbulencias. A buen seguro, a don Miguel le habría complacido permanecer así para siempre; de hecho, le gustaba soñar que soñaba, y a veces soñaba con morir soñando, con pasar directamente del sueño momentáneo al sueño eterno. Pero, de repente, lo despertaron unos golpes en la puerta de la calle. Por la hora, debía de tratarse de la visita anunciada por su hijo Rafael.

La vivienda de Unamuno estaba en la planta principal de un inmueble construido en el siglo XVIII con piedra de Villamayor. Aurelia no tardó en salir a abrir. Era un joven de aspecto agradable. Vestía traje gris y corbata a juego. En una de las solapas llevaba una insignia con el yugo y las flechas. Era esbelto y llevaba el pelo bien cortado y repeinado y unos lentes que le daban un aire profesoral; bajo el brazo izquierdo, portaba una carpeta. Aurelia condujo al hombre por un pasillo interminable hasta el cuarto de estar en el que se encontraba don Miguel. Tan pronto este lo vio, reconoció al joven profesor auxiliar con el que había discutido en una ocasión en el salón de claustros de la Universidad. Acababa de llegar de Italia, donde se había convertido al fascismo, y venía diciendo maravillas de Mussolini, lo que molestó mucho a don Miguel, que le lanzó varias andanadas. Pero, lejos de acobardarse, el otro quiso demostrarle de forma cortés que estaba equivocado y que, detrás de toda la parafernalia fascista, había un proyecto serio, la construcción de un Nuevo Estado más próspero y menos injusto que el que había en España. Al viejo profesor todo aquello le pareció un disparate, pero el joven hablaba con tal gracia y candor que se hacía perdonar. Incluso llegó a sentir cierta envidia, al verlo tan alegre y confiado y tan henchido de fe; no en vano tenía toda la vida por delante, lo contrario que don Miguel, que estaba ya de retirada. Volvieron a verse en otra ocasión, que el joven había aprovechado para tratar de convencerlo con nuevos argumentos de la bondad de sus ideas, sin éxito, claro está. Y, por lo visto, no se había rendido, pues ahí estaba una vez más ante él, como llovido del cielo, ya que así podría decirle a ese petimetre lo que pensaba sin omitir ni una coma.

Mientras tanto, la doméstica regresó a la cocina. Aurelia había entrado en la casa como ama de cría de Miguelín al poco de llegar de su pueblo; con el tiempo, se había convertido en una más de la familia, y como a tal la trataban; de ahí que se desviviera por atenderlos. Esa tarde tenía que preparar la cena de Nochevieja, que, aunque frugal, ya que los tiempos no estaban para grandes derroches ni don Miguel era de mucho comer, tenía su miga. De modo que se puso a ello con gran diligencia. Mas no dejaba de pensar en ese joven, en esa cita tan intempestiva, pues, a juzgar por la carpeta, estaba claro que no se trataba de una simple visita de cortesía.

Es de suponer que Bartolomé Aragón le preguntó a Unamuno por su estado de salud, que imaginaría que no podía ser muy bueno, después de lo sucedido en los últimos meses. Había oído comentar, además, que padecía algunos achaques, por lo que no le convenía excitarse demasiado. Aragón le hablaría del motivo de su intromisión y le mostraría una copia del texto que había escrito sobre corporativismo fascista. Para que viera de qué iba, el joven profesor le leyó un fragmento. Pero Unamuno no estaba para sermones de economía corporativa y le pidió con cierta brusquedad que desistiera. El otro trató de explicarse, lo que sirvió para que Unamuno saliera del todo de su somnolencia y comenzara a hablar, cada vez más encendido y exaltado, primero contra el corporativismo y luego contra el fascismo o fajismo, y, a partir de ahí, ya no le dejaría meter baza, tan solo alguna palabra de cuando en cuando o una breve objeción, que Aragón soltaría sin demasiado entusiasmo, sabiendo que solo serviría para avivar más el fuego, pues a Unamuno no había quien lo callara. Y es que era muy fácil tirarle de la lengua a don Miguel, dado que la tenía muy larga y demasiado suelta, en su opinión, y ese día estaba con ganas de perorar, vaya que sí.

En un momento dado, Aragón sacaría de su carpeta, como quien no quiere la cosa, un ejemplar del periódico que había dirigido en Huelva, tal vez el número uno de la nueva época, aquel que daba cuenta de los actos de celebración del Día de la Hispanidad en La Rábida, o el de unos días después, el que informaba de la celebración del tercer aniversario de la Falange o el que recogía su discurso justificando la quema de libros en la plaza del 12 de Octubre. En cualquier caso, Unamuno se lanzaría de nuevo a despotricar, esta vez contra la Falange y sus ideas y, sobre todo, contra sus crímenes y desmanes en la retaguardia, y también contra el propio Aragón, por su espíritu inquisidor y, desde luego, por haber profanado la santa memoria del *Quijote*, que para don Miguel era un libro sagrado, tal vez el más sagrado. Aquí sí que Bartolomé Aragón replicaría y se defendería de los ataques, aduciendo que, como en la simpar novela, él solo había condenado los malos libros. Pero Unamuno estaba ya completamente desbocado. El rostro se le congestionaba cada vez más y las palabras se le atropellaban en la boca. ¿Cómo esos bárbaros de camisa azul podían seguir empeñados en considerarlo uno de los suyos? ¿Acaso no había dejado clara su postura en infinidad de ocasiones? Es verdad que había saludado con ingenuo optimismo el alzamiento y que lo había apoyado hasta que cayó en la cuenta de sus atrocidades. Pero nunca había ocultado lo que pensaba de ciertos militares, del nazismo, del fascismo italiano y de los falangistas españoles, que no eran más que un vulgar remedo de aquellos, como Aragón sabía de sobra.

Desde la cocina, Aurelia oyó dar voces a Unamuno y dejó lo que estaba haciendo para dirigirse al pasillo a ver qué sucedía, pero no se atrevió a acercarse a la puerta y menos aún a interrumpir la conversación o más bien el *monodiálogo* de don Miguel, que cada vez que se ponía a discursear era como si le hubieran dado cuerda y no fuera a parar nunca, como los relojes suizos. Estaba muy preocupada por él; según le había dicho su hija Felisa, no le convenía enfadarse ni excitarse demasiado, ya que eso podía provocarle un aumento de la tensión arterial y tal vez algo más grave. Se dirigió entonces al patio y, con disimulo, se acercó a la ventana del cuarto de estar para averiguar qué pasaba. Pero no pudo llegar a vislumbrar a don Miguel, ya que el visitante estaba sentado frente a él, de espaldas a la ventana, y lo tapaba por completo. De todas formas, Unamuno parecía haberse tranquilizado; así que regresó a la cocina para reanudar su trabajo, pues ahora sí que se le había hecho tarde.

Al cabo de un rato, don Miguel se calló, y no porque no tuviera más cosas que decir; claro que las tenía, podría estar hablando varios días seguidos, pero de qué serviría en tales circunstancias. Por otra parte, estaba cansado.

—Hay que seguir confiando en Dios, que para eso está de nuestro lado —indicó entonces el joven profesor.

—La verdad es que a veces pienso si no habrá vuelto Dios la espalda a España disponiendo de sus mejores hijos —comentó Unamuno con gesto de desaliento.

—¡Eso no puede ser, don Miguel! —exclamó Aragón—. ¡Dios no puede volverle la espalda a España! ¡España se salvará porque tiene que salvarse! —añadió de forma enérgica.

—¿Cómo puede usted seguir hablando de Dios y de salvar a España, después de las atrocidades que los suyos están llevando a cabo? —replicó Unamuno sin poder contener su santa ira.

Tras tales palabras, se hizo un silencio tenso, que alertó a Aurelia. Extrañada por tanta calma, se dirigió a la sala de estar. Cuando llegó a la puerta, pegó la oreja a la madera para tratar de escuchar, pero, por más que se esforzó, tan solo alcanzó a oír un ruido apagado y luego una especie de jadeo, como una respiración entrecortada. Y de nuevo nada, como si dentro no hubiera nadie. A punto estaba Aurelia de llamar con los nudillos y preguntar si ocurría algo, cuando de pronto se abrió la puerta y apareció el joven profesor, fuera de sí, dando gritos de auxilio.

—¡Yo no lo he matado! —exclamó con voz estrangulada, al ver a Aurelia.

—Pero ¡¿qué dice usted?! —inquirió esta con angustia.

—Don Miguel…, don Miguel está muerto —balbuceó el hombre.

La doméstica se asomó al umbral de la salita y, al ver a Unamuno sobre la mesa camilla, comprendió.

—¡Dios mío de mi vida! Pero ¿qué ha pasado? —suspiró la mujer, al tiempo que se persignaba.

—¡Yo no he hecho nada! ¡Yo no lo he matado!

En ese momento, se abrió la puerta de la casa y, atraída por las voces, entró María con el semblante preocupado y acompañada por doña Pilar.

—¿Qué ha sucedido? —quiso saber la hija de don Miguel.

El visitante, con la mirada baja y sin dirigirse a nadie en concreto, como si hablara solo, comentó algo de una zapatilla y no sé qué del brasero. María entró en el cuarto de estar y, de un vistazo, se hizo cargo de lo que acababa de pasar. Luego pidió que la ayudaran y entre todos movieron el cuerpo inerte de don Miguel a un desvencijado diván que había junto a una pared. Resultaba extraño ver a Unamuno tan desmadejado y sin pronunciar palabra.

Cuando Felisa y su sobrino llegaron, don Miguel ya había muerto. Desde el portal, la hija había oído gran agitación en la casa; de modo que había subido de forma apresurada, casi a trompicones, con el alma en vilo y el niño colgado de la mano. La puerta de la vivienda estaba abierta de par en par y, en el pasillo, se encontraron con un joven al que no conocían que parecía muy angustiado. Aurelia salió del cuarto de estar con el rostro desencajado y, sin decir nada, se llevó a Miguelín al otro lado de la vivienda. Felisa se temió lo peor. A toda prisa, entró en la salita y allí descubrió a su hermana María y a doña Pilar, junto al cuerpo exánime de su padre y sin saber qué hacer.

Bartolomé Aragón no paraba de repetir que él no lo había matado, que, de repente, don Miguel había reclinado con suavidad la cabeza, como si se hubiera quedado dormido, y que se había dado cuenta de que estaba inconsciente por el olor a quemado de una de las zapatillas, que se estaba chamuscando en el brasero. El hombre seguía muy alterado, mucho más que las hijas y que la propia Aurelia, aunque a veces daba la impresión de que sobreactuaba o exageraba un poco, como si quisiera dejar bien claro que él no había sido, que no había tenido nada que ver. ¿Y por qué habría de haberlo matado?, se preguntarían Felisa, María y doña Pilar. Eso era algo que no les cabía en la cabeza. ¿Quién iba a atreverse a hacerle algo así a un pobre anciano que vivía encerrado en su casa y ya no podía causar daño a nadie? Sería necesaria mucha maldad y una gran sangre fría para llevar a cabo algo semejante; y, desde luego, habría que tener un motivo muy poderoso, algo inimaginable. Pero el hombre se obstinaba en declarar su inocencia.

La muerte física: el dictamen médico

El médico de Unamuno estaba esa tarde en su casa, y esta se encontraba cerca de la del escritor, concretamente en la calle Doctor Riesco, frente al teatro Liceo, justo en el chaflán, en el edificio donde hay hoy una farmacia (actual calle Toro, esquina con el Brocense). De modo que no tardó en llegar. Se trataba de Adolfo Núñez Rodríguez, amigo y compañero de tertulia de don Miguel, que en su día había certificado la muerte de su esposa doña Concha. Era, por tanto, persona de confianza de la familia. Por lo que se sabe, había sido también amigo de Casto Prieto Carrasco, el alcalde de Salamanca, fusilado por los sublevados. El 14 de abril de 1931, el doctor había sido elegido concejal del Ayuntamiento de Salamanca, dentro de la Conjunción Republicano-Socialista. En noviembre de ese año fue nombrado presidente de la agrupación local de Acción Republicana, cuyo líder en Salamanca era el mencionado Casto Prieto, si bien había renunciado al acta de concejal en abril de 1933 por incompatibilidad con su trabajo en la Beneficencia Municipal, en la que también estaba Casto Prieto. Se trataba, pues, de una persona significada como republicana, con todo lo que ello suponía en ese momento en Salamanca.

Tras el alzamiento, fue llamado a filas con el grado de teniente en calidad de cirujano. Al igual que Unamuno y muchos otros salmantinos, fue forzado a donar tres mil pesetas para los sublevados. Y, según había informado *El Adelanto* el 4 de diciembre, el gobernador civil acababa de imponerle una multa de 75.000 pesetas, que era otra forma de recaudar fondos; en este caso era una cantidad muy elevada, y más si tenemos en cuenta que el doctor Núñez había realizado ya una donación y formaba parte del cuerpo médico militar. Por otro lado, no hemos encontrado documentación alguna sobre los motivos de semejante sanción. En el Archivo Provincial de Salamanca, consta que la suma fue abonada, pero no aparece la fecha ni se dice quién hizo el pago. En julio de 1938 fue repuesto en su cargo de médico de la Beneficencia Municipal. No hemos encontrado ningún expediente sobre el doctor Núñez en el Archivo de la Guerra Civil de Salamanca. Lo que sí hay son dos solicitudes para poder consultarlo; una de ellas en concreto va dirigida al Juzgado Instructor de Responsabilidades Políticas, y ambas están fechadas en marzo de 1940, tres años y ocho meses antes de su fallecimiento.

Como decíamos, el doctor Núñez fue requerido con urgencia por teléfono desde la casa de Unamuno, y, aunque acudió enseguida, don Miguel estaba ya muerto cuando llegó. Al menos eso es lo que dan a entender los testigos arriba mencionados, incluido, por supuesto, el propio Aragón, si bien este indica en alguna declaración que el médico lo envió a buscar una medicina a la farmacia; recordemos que en otra dice que se trata del doctor Filiberto Villalobos, exministro de Instrucción Pública, que por entonces estaba encarcelado. Según los presentes, el óbito se habría producido entre las 17:30 y las 18:00, esto es, una hora u hora y media después de la llegada de Aragón a la casa. Las 18:00 fue también la hora que dio al día siguiente la prensa local. Por desgracia, el certificado médico no se ha podido localizar. En el acta de defunción redactada por el juez municipal, se recoge que el médico dictaminó que Unamuno había fallecido a consecuencia de «hemorragia bulbar; causa fundamental arterioesclerosis e hipertensión arterial».

La causa inmediata de la muerte sería, pues, una «hemorragia bulbar» y la «causa fundamental», la «arterioesclerosis e hipertensión arterial», que eran dos enfermedades que, en su momento, le habían sido diagnosticadas a don Miguel. Como es bien sabido, estas son muy frecuentes entre la población masculina a partir de los setenta años. Según datos recogidos en estudios médicos recientes, la hipertensión arterial se presenta en el 78 por ciento de los hombres en ese rango de edad. En el caso de la arterioesclerosis, el porcentaje es del 75 por ciento. No tenemos registros de los afectados por estas dolencias a mediados de los años treinta en

España, pero las mencionadas cifras pueden ser orientativas. Por lo que respecta a la causa inmediata de la muerte de don Miguel, hay que precisar que, de los diferentes tipos de hemorragias intracraneales, la bulbar es la menos común: aproximadamente un 10 por ciento del total. Se trata, por lo demás, de un tipo de hemorragia que, una vez ha fallecido el paciente, no se puede diagnosticar sin una autopsia, cosa que, en ese tiempo, sabía cualquier médico formado en la Universidad de Salamanca, y más un cirujano del prestigio del doctor Núñez, que, aparte de ser un facultativo muy experimentado, había impartido clases de Patología Quirúrgica con su Clínica, como profesor auxiliar, durante varios años. Y de todo esto tendrían conocimiento también varios hijos de Unamuno, pues nada menos que cuatro de ellos estudiaron Medicina: Pablo, José, Rafael y Ramón.

Por otra parte, debemos considerar cuál era el estado de salud del escritor en aquel momento. Hacía tres meses que había cumplido setenta y dos años y, después de la muerte de su esposa, su salud era más bien delicada, si bien se cuidaba mucho. Llevaba lo que hoy llamaríamos un modo de vida bastante saludable. En este sentido, seis meses antes de su muerte, le había dicho a Ramón Gómez de la Serna, en una fugaz visita a Madrid: «No me intoxico con alcohol ni con cigarro; me acuesto temprano, duermo bien, paseo todos los días, una o dos horas, me acuesto antes que el sol, ¿por qué no he de vivir hasta los noventa años?». El propio Gómez de la Serna comenta que «estaba más cascarrabias que nunca», lo que hemos de interpretar también como una señal de que se sentía en forma. Pero, desde entonces, habían pasado muchas cosas: el comienzo de la guerra, la muerte de algunos amigos, el incidente del 12 de octubre, el obligado confinamiento en su casa…, y ya hemos visto que estaba convencido de que lo iban a asesinar, lo que sin duda aumentaría su ansiedad. También sabemos que en la fecha de su cumpleaños, el 29 de septiembre, Unamuno no se encontraba muy bien. Sin embargo, a la pregunta que le hizo Bartolomé Aragón sobre su salud, parece ser que contestó: «Me encuentro mejor que nunca». ¿Exageraba don Miguel?

Para el examen del dictamen del doctor Núñez sobre las causas de la muerte de Unamuno, hemos contado con el asesoramiento de Francisco Etxeberria Gabilondo, médico especialista en Medicina Legal y Forense, uno de los más prestigiosos y reconocidos de España, célebre por haber llevado a cabo varias investigaciones de gran relevancia social y científica, que tuvo la gentileza y la generosidad de contestar por escrito a las preguntas que, a través de un cuestionario, le formulamos sobre el caso.

En primer lugar, le pedimos al doctor Etxeberria que hiciera una valoración del dictamen del doctor Núñez sobre la causa de la muerte de Unamuno. Y esto fue lo que nos contestó:

> De conformidad con el Acta de Defunción de fecha 1 de enero de 1937 donde se trascribe lo que debió [de] ser la «certificación facultativa» del Dr. Núñez, Miguel de Unamuno fallece a consecuencia de: *Causa inmediata de defunción, hemorragia bulbar. Producida por arterioesclerosis e hipertensión arterial*. Si una persona [muere a consecuencia de] una hemorragia intracraneal, que es diagnosticada mediante la exploración del médico [mientras aún estaba] viva, y si este aprecia que [se ha producido] por causas naturales, se certifica la defunción como muerte natural y se inscribe en el registro civil de forma ordinaria y sin más trámite. Con ello se puede proceder a la retirada del cuerpo por la funeraria y a su inhumación en plazos que van entre las 24 y las 48 horas. Pero si la persona ha fallecido ya, en la práctica es muy difícil que el médico pueda saber cuál es la causa médica de la muerte. Por otra parte, también hay que considerar que si se produce una muerte súbita o inesperada, como lo fue en el caso de Miguel de Unamuno, lo lógico es no certificar la defunción y avisar al Juzgado de Guardia, lo que hubiera supuesto la intervención del médico forense con la consiguiente práctica de una autopsia reglada. En este caso existirán unas diligencias en el Juzgado de Instrucción correspondiente de la ciudad de Salamanca.
>
> Otra cuestión diferente es cómo el Dr. Núñez pudo establecer el diagnóstico de «hemorragia bulbar».

A la pregunta de si es posible hacer ese dictamen sin examinar a fondo el cadáver o hacer una autopsia, el doctor Etxeberria nos respondió: «Es imposible si la persona ha fallecido. Salvo que el médico hubiera tenido tiempo de explorar a Miguel de Unamuno durante un tiempo previo a su fallecimiento». A este respecto, conviene recordar que, según los testigos, don Miguel estaba ya muerto cuando el doctor Núñez llegó a la casa, aunque, sobre este particular, hay que reconocer que las declaraciones resultan algo confusas y hasta contradictorias, pues Bartolomé Aragón siempre sostuvo que Unamuno había expirado en su presencia, mientras que doña Pilar Cuadrado le dijo a Margaret Rudd que dio su último suspiro entre sus brazos, antes de que el médico llegara. Lo único que en principio está en contra de esta circunstancia es el hecho, dado a conocer por el propio Bartolomé Aragón en alguno de sus testimonios, de que el facultativo lo enviara a comprar una medicina a una farmacia de la plaza Mayor, si bien no indica luego si en efecto la adquirió, ni si regresó con ella a la casa de don Miguel, ni qué pasó después.

En cuanto a la hemorragia bulbar, el prestigioso antropólogo forense señala en el cuestionario que «se debe interpretar como un sangrado intracraneal a nivel del bulbo raquídeo (aunque se sitúe hasta el tránsito del agujero magno del occipital), esto es por debajo del encéfalo (cerebro)». ¿Hay algún signo exterior en el cadáver de que se haya podido producir dicha hemorragia?, inquirimos nosotros. Y esta es su respuesta: «Ninguno a través de los documentos conocidos del caso. Y aunque su diagnóstico pueda ser efectuado en vida del paciente, no se traslada ningún signo o síntoma que pueda ser apreciado en el cadáver». Y, con respecto a las causas de la hemorragia bulbar, indica que esta «puede ser espontánea o provocada. Lo habitual en este tipo de hemorragias es que se deba a una rotura de vasos sanguíneos como consecuencia de enfermedad cerebrovascular, y con menor frecuencia por malformación congénita de vasos sanguíneos. Respecto a la hemorragia intracraneal provocada, puede deberse a lesiones traumáticas de distinta intensidad».

A la pregunta de si la muerte súbita producida por una hemorragia de este tipo puede ser un indicio de criminalidad, esto es lo que afirma Francisco Etxeberria: «Se trata de una muerte repentina, súbita, no prevista, que sorprende a quienes rodean a Miguel de Unamuno en aquella fecha. En tal sentido, son muchos los casos que acaban siendo judicializados y por consiguiente con la necesidad de practicar una autopsia forense. Pero no siempre, y eso depende mucho del médico que asiste al paciente-fallecido y de su capacidad para establecer la causa de muerte y la consiguiente certificación de defunción».

En el caso hipotético de que la muerte causada por dicha hemorragia fuera provocada, habría que preguntarse de qué forma pudo haberse producido esta. «En este supuesto —apunta el antropólogo forense—, se podría pensar en un traumatismo, o bien en una dislocación del cuello o una fractura de vértebras cervicales altas. Un estiramiento forzado o una hiperextensión del cuello… Si existe sospecha de lo anterior, la autopsia judicial hubiera sido preceptiva».

Por último, le preguntamos si, según el dictamen del doctor Núñez y las circunstancias del caso, le parecía sospechosa en algún sentido la muerte de Unamuno, y esto fue lo que nos dijo:

> Como en tantos otros ejemplos históricos que se investigan muy *a posteriori*, existe en este caso una versión que es la oficial y que sostiene una hipótesis de muerte natural.
>
> Descalificar esta hipótesis con otra contraria puede resultar complicado.
>
> Lo cierto es que, frente a las cuestiones estrictamente médicas del caso, son las circunstancias las que dan fuerza a una hipótesis contraria a la oficial. Y aunque esto también deba ser considerado desde la perspectiva forense, es decir, «las circunstancias que rodearon a la muerte», no resulta posible un posicionamiento claro sobre el particular. Indicios circunstanciales de muerte no natural hay muchos, lo complicado es transformar esos indicios en evidencias y, si eso fuera posible, transformarlos en pruebas desde la perspectiva netamente forense.

La respuesta del doctor Etxeberria, como no podía ser menos, es muy razonada y cautelosa, dada la poca información veraz de la que disponemos sobre el caso.

A tenor de lo expuesto, sería muy importante poder determinar a ciencia cierta si el doctor Núñez tuvo la oportunidad de examinar con vida a Unamuno o si, por el contrario, este ya estaba muerto cuando él llegó a la casa, como los testigos parecen indicar. En el primer caso, podría haber establecido con certeza el dictamen de hemorragia bulbar, pero no así en el segundo. En este último, que, como ya hemos dicho, es el más probable, no podría haber concluido eso, pues para ello habría sido necesario realizar la autopsia. Los partidarios de la versión oficial concluirán entonces que, si el médico indicó que había hemorragia bulbar, es porque pudo examinar a Unamuno antes de que muriera, pero eso va en contra del relato del propio Bartolomé Aragón, que siempre ha dado a entender que don Miguel ya había fallecido cuando apareció el doctor, con la salvedad antes señalada, y de las declaraciones de Felisa y doña Pilar, que, aunque no son coincidentes con las de aquel, también parecen situar la muerte antes de la aparición del médico, por lo que este no habría llegado a verlo con vida. Y, si esto fuera lo que en verdad sucedió, habría entonces que considerar que el juicio del facultativo no se basó en un examen u observación del finado, sino en una suposición, algo que, por otra parte, era relativamente usual, ya que no siempre es fácil determinar la verdadera causa de una muerte repentina sin una autopsia, y menos hilar tan fino como para indicar que se trata de la más infrecuente de las hemorragias intracraneales. Dado que Unamuno padecía arterioesclerosis e hipertensión arterial, imaginamos que lo más esperable habría sido que se inclinara por un infarto como causa inmediata de la muerte. Sin embargo, su diagnóstico fue que se trataba de una hemorragia bulbar.

Por supuesto, no estamos poniendo en duda la opinión ni el buen juicio del doctor Núñez. Pero puede que, detrás de todo esto, haya algo más. ¿Pensó el prestigioso cirujano que la muerte de Unamuno no había sido natural y por ello se atrevió a lanzar una conclusión a la que no podía llegar en tales circunstancias? Y, en ese caso, ¿con qué fin? Para empezar, hay que tener en cuenta que este facultativo no estaba en condiciones de poder solicitar que se realizara una autopsia del cadáver de don Miguel ni, desde luego, de sugerir que se llevara a cabo ninguna clase de investigación, pues eso habría significado arrojar sospechas sobre el único testigo, nada menos que un miembro de la Falange y un adepto a los golpistas, muy bien relacionado, además. Recordemos, por otra parte, que Adolfo Núñez era un notorio republicano y que había sido castigado de alguna forma por ello, lo que implicaba que su dictamen médico estaba muy condicionado, ya que corría el riesgo de ser duramente represaliado si este no complacía a los sublevados. Así que, a nuestro juicio, no debió de quedarle más remedio que esconder sus posibles recelos bajo un diagnóstico que, al mismo tiempo que ocultaba sus presunciones, hacía evidentes ciertas reservas, al menos para aquellos que las supieran ver y entender. Estaríamos, por tanto —y esto es solo una hipótesis muy aventurada por nuestra parte—, ante una pista proporcionada con gran astucia por el doctor Núñez, que vendría a revelar que en esa muerte había algo oscuro, tal vez de índole criminal; una pista convenientemente solapada y a la vez puesta a la vista para que alguien en el futuro se fijara en ella y se preguntara qué podía significar.

Al igual que ocurre en el célebre cuento de Borges «Tema del traidor y del héroe», un título que por cierto le cuadra muy bien a la historia que estamos desgranando, también aquí alguien deja señales en un texto o documento para que un lector futuro descubra la verdad en torno a una posible muerte *amañada*. En un caso, es un cronista; en el nuestro, un médico honesto y valiente. En el primero, se trata de la ejecución de un traidor que aparentemente muere como un héroe; en el de Unamuno, de un héroe que en apariencia muere de forma natural y queda como un traidor. En ambos, habría detrás una cuidada puesta en escena. Y, como al narrador del relato borgiano, también a nosotros nos faltan «pormenores, rectificaciones, ajustes; hay zonas de la historia que no [nos] fueron reveladas aún». Y lo más probable es que nunca sean desveladas.

Por otra parte, en este nuevo escenario que aquí planteamos queda por resolver la cuestión de por qué envió el doctor Núñez a Bartolomé Aragón a buscar una medicina a la farmacia, dado que Unamuno ya estaría muerto. Y, en todo caso, ¿por qué no mandó a Aurelia, en lugar de a un desconocido? Si ocurrió así, lo más probable es que la intención del doctor Núñez fuera alejarlo de la casa, bien para poder llevar a cabo su trabajo con más tranquilidad (por lo visto, el joven profesor seguía presa de la ansiedad), bien para poder conversar a solas con las hijas de don Miguel sobre la posible causa de la muerte de su padre. Y, si es verdad que para él había algo oscuro o sospechoso, cabe entonces conjeturar que hablarían en secreto, bajo un pacto de silencio, por así decirlo, puesto que la vida les iba en ello, dadas las circunstancias y la trascendencia del asunto. Pasado el tiempo, tales sospechas se irían desvaneciendo en la memoria ante la imposibilidad de hacer nada para confirmarlas. De todas formas, se trataba de meras suposiciones que no se podían verificar, pues para eso habría hecho falta una autopsia, y esta no se llevó a cabo. Así que lo mejor, en ese momento, iba a ser olvidar y no remover las cosas.

Algunos errores o inexactitudes

Pero el dictamen médico no es lo único desconcertante en este asunto. También cabe hablar de algunos errores o inexactitudes en los documentos públicos relacionados con la muerte de don Miguel, no por usuales menos llamativos. La misma tarde del fallecimiento se expide un mandato de sepultura eclesiástica redactado por el párroco de la iglesia de la Purísima. En el documento se indica que, según el certificado de defunción firmado por el médico, que no se conserva, Unamuno murió a las 17:00 horas, antes, por tanto, de lo que dieron a entender la mayor parte de los testigos. En principio, el único que sitúa el fallecimiento en esa hora es Miguel Quiroga de Unamuno, o sea, Miguelín, que entonces tenía tan solo siete años, y lo hace, además, mucho tiempo después, en unas declaraciones recogidas en un programa de Radio Nacional de España emitido el 25 de octubre de 2014, aunque es posible que estas se efectuaran con anterioridad para otro medio público:

> Aquel día veníamos Felisa, mi tía Felisa, que fue como mi madre, y yo de ver un nacimiento, que si mal no recuerdo estaba en el Hospital Provincial, y al llegar a casa a las cinco de la tarde nos encontramos a mi abuelo desplomado sobre la camilla. Estaba con un visitante que creo que se llamaba Bartolomé Aragón, completamente desquiciado, dando voces, pensando quizás, tal vez, que él hubiera podido tener alguna relación con su muerte. Con mi ama de cría, Aurelia, también desesperada y con mi abuelo ya muerto, tendido encima de la camilla, después de que estuvo hablando con este hombre durante toda la tarde, angustiado por el problema y por la situación que había en aquel entonces en España.

Al día siguiente, 1 de enero, por la mañana, se redacta en el Registro Civil número 5 de Salamanca el acta de defunción, firmada por el juez municipal a las 10:50, tan solo diez minutos antes de que diera comienzo la misa de funeral en honor del fallecido. La persona que manifiesta, oralmente y por escrito, el fallecimiento de Unamuno es un tal Luis Sánchez Zúñiga, que figura como «convecino» del finado, y que, aparte de hacer entrega de la manifestación escrita, también tuvo que presentar el certificado de defunción, ambos desaparecidos. Por otra parte, no tenemos constancia de que fuera alguien de confianza de la familia y tampoco hemos hallado ningún vínculo entre esta persona y don Miguel, ni, desde luego, estaba presente en el momento de la muerte de este, si bien es cierto que se trata de la misma persona que realizó la función de «manifestante» dos años antes, tras la muerte de doña Concha. En el acta de defunción, se dice que Unamuno falleció «a las dieciséis», o sea, media hora antes de que Bartolomé Aragón llegara al domicilio de Unamuno, una hora antes de la que figura en el mandato de sepultura eclesiástica firmado por el párroco y redactado a la vista del certificado de defunción, y hora y media o dos horas antes de la que señalaron varios testigos, incluido el propio Aragón.

Una vez inscrita la defunción en el libro de registro correspondiente, el juez municipal procedería a expedir la licencia de sepultura, de la que tampoco podemos disponer. Así pues, de los documentos *post mortem* relativos al fallecimiento de Unamuno solo se conservan dos, y ambos contienen alguna inexactitud.

¿Cuál es la causa de la discrepancia en cuanto a la hora de la muerte de don Miguel? Tal vez pueda deberse a que la familia mostrara su deseo de que se le enterrara lo antes posible, y ya sabemos que, según la legalidad de la época, tenían que transcurrir un mínimo de veinticuatro horas desde el fallecimiento a la sepultura, y estaban en invierno, con lo que a las dieciocho horas ya era de noche. Pero, entonces, cabe preguntarse: ¿a qué tantas prisas? ¿Por qué tanta celeridad para enterrar a don Miguel, dado que se trataba del primer día del año? ¿No hubiera sido mejor esperar al día siguiente y dar así tiempo para que llegara con tranquilidad alguno de los familiares que vivían fuera de Salamanca y para que la ciudadanía pudiera honrar como era debido el cadáver de su vecino más prestigioso? Según algunos, pudo ser su hija Felisa la que tomó la decisión de que el entierro se llevara a cabo cuanto antes, con el fin de evitar —sin ningún éxito, como pronto veremos— que las exequias de su padre pudieran ser utilizadas de alguna forma por los sublevados. Pero también cabría pensar que fueron estos los que, de algún modo, aceleraron los trámites para que Unamuno fuera sepultado el día 1 de enero y así echar enseguida tierra sobre el asunto; de hecho, parece ser que fueron los falangistas los que se apresuraron a organizar las honras fúnebres.

La doble muerte de Augusto Pérez

Como hemos visto, carecemos de pruebas concluyentes que certifiquen que la muerte de Unamuno no fue natural. Tan solo tenemos diversos «indicios circunstanciales» que podrían apuntar en esa dirección. Y, aunque es cierto que son numerosos, resultan insuficientes para convertirlos en evidencias y pruebas irrefutables desde un punto de vista estrictamente legal o forense. En nuestro *contrarrelato* hay, pues, una importante elipsis narrativa, un ostensible vacío, una patente omisión. Pero este libro no es un alegato jurídico y los autores no somos quiénes para acusar ni juzgar a nadie, ya que, a diferencia de los que construyeron el relato oficial, nosotros no pretendemos estar en posesión de la verdad y lo único que buscamos es aclarar, hasta donde sea posible, las circunstancias que rodearon la muerte de Unamuno.

Lo que sí está claro es que tales indicios nos hacen sospechar que, como mínimo, nos encontramos ante una muerte ambigua y enigmática, con al menos dos caras, dos lecturas, dos interpretaciones posibles, justo lo mismo que ocurre en *Niebla*, la célebre *nivola* de Unamuno, donde también se nos ofrecen dos versiones contrapuestas de la «misteriosa muerte» del protagonista, Augusto Pérez, sobre las que al final el lector debe pronunciarse. Veamos lo que dice al respecto el personaje de Víctor Goti en el «Prólogo» con el que se inicia la obra:

> Mucho se me ocurre atañero al inesperado final de este relato y a la versión que en él da don Miguel de la muerte de mi desgraciado amigo Augusto, versión que estimo errónea; pero no es cosa de que me ponga yo ahora aquí a discutir en este prólogo con mi

prologado. Pero debo hacer constar en descargo de mi conciencia que estoy profundamente convencido de que Augusto Pérez, cumpliendo el propósito de suicidarse que me comunicó en la última entrevista que con él tuve, se suicidó realmente y de hecho, y no solo idealmente y de deseo. Creo tener pruebas fehacientes en apoyo de mi opinión; tantas y tales pruebas, que deja de ser opinión para llegar a conocimiento.

Y esto es lo que le replica en el «Post-prólogo» un tal M. de U.: «Su afirmación, digo, de que el desgraciado, o lo que fuese, Augusto Pérez se suicidó y no murió como yo cuento su muerte, es decir, por mi libérrimo albedrío y decisión, es cosa que me hace sonreír. Opiniones hay, en efecto, que no merecen sino una sonrisa. Y debe andarse mi amigo y prologuista Goti con mucho tiento en discutir así mis decisiones, porque si me fastidia mucho acabaré por hacer con él lo que con su amigo Pérez hice...».

¿Cómo murió, entonces, Augusto? ¿Se suicidó o fue eliminado por su creador? He ahí el dilema que nos plantea Unamuno, y de lo que decidamos dependerá el sentido de la novela y de nuestra propia existencia. Pues bien: algo parecido pasa con su propia muerte, no menos misteriosa que la de su personaje. En ella también cabe hablar de dos versiones o posibilidades, y de nuevo será el lector el que tendrá que decidir libremente con cuál de ellas quedarse o cuál de las dos le resulta más verosímil. El *contrarrelato*, por tanto, queda abierto, al igual que la novela de Unamuno. Pero nuestro libro aún no ha terminado. ¿Seremos capaces de solucionar, de algún modo, el enigma o tendremos que conformarnos con una doble lectura de los hechos? Lo más probable es que no podamos ir mucho más lejos de lo que fue don Miguel en su *nivola*, pero al menos hemos intentado ir algo más allá de donde hasta ahora han llegado, a este respecto, los biógrafos y algunos estudiosos de Unamuno.

La muerte simbólica: un cadáver secuestrado por los sublevados

Dejando al margen su muerte física, ya fuera natural o no, Unamuno fue víctima de una muerte simbólica, que, de alguna manera, puede considerarse mucho peor que la primera. Al parecer no bastaba con que hubiera fallecido y su voz se hubiera apagado. Tenían que requisar su cadáver y tergiversar su palabra. Que, hipotéticamente, acabaran con él podría calificarse de algo injusto y cruel. Que, además, secuestraran su memoria y su personalidad resulta especialmente trágico y doloroso para alguien como Unamuno, ya que de esta forma le estaban arrebatando algo más preciado que la vida, aquello por lo que había luchado durante toda su existencia y a lo que había consagrado sus obras; nos referimos a la manera en que sería recordado después de su desaparición, que para él era la única forma factible de supervivencia o inmortalidad. La primera muerte podría considerarse oscura y sospechosa; la segunda, sin duda, fue una auténtica infamia.

Dicho esto, la pregunta que cabe hacerse es si esta última obedeció a algún plan y, en ese supuesto, ¿quién estaba detrás? No hay que ser muy suspicaz ni demasiado perspicaz para suponer o conjeturar que podría responder a una estrategia urdida por el entorno de Prensa y Propaganda y por la propia Falange. Lo cierto es que algunos falangistas, varios de ellos adscritos a esa oficina, actuaron de forma inmediata y no tardaron en presentarse en el velatorio, mientras algunos de sus compañeros escribían panegíricos y obituarios sobre Unamuno en el palacio de Anaya. Lo normal habría sido que esa noche se encontraran todos ellos con sus familias en sus casas o en alguna fiesta para despedir el año, incluso fuera de Salamanca. Pero allí estaban: rindiendo honores y homenajeando a Unamuno. ¿Acaso estaban advertidos y preparados? ¿No resulta extraña tanta aflicción y sospechoso tanto ditirambo por parte de los falangistas?

La razón de tal sobreactuación estaría, según Jon Juaristi, en el deseo de acallar el runrún que circulaba por la ciudad: «Por Salamanca corrió el rumor de que lo habían asesinado, envenenándolo, y el pobre Bartolomé Aragón Gómez pasó las horas más amargas de su vida. Pero Víctor de la Serna convocó a los intelectuales falangistas y les ordenó hacer del entierro de Unamuno un acto de duelo y homenaje que disipase todas las sospechas». Pero también cabe pensar, por el contrario, que ese duelo «fingido» estaba ya previsto de alguna manera y que, más que disipar, lo que hace es acrecentar las sospechas de que detrás de la muerte de don Miguel pudo haber algo turbio.

Sorprendentemente, el que no estuvo presente en el velatorio, ni tampoco en la misa ni en el entierro, fue Bartolomé Aragón. Como ya hemos visto, estaba muy atribulado. También andaría preocupado por los rumores que lo acusaban de haber asesinado a Unamuno. No está probado que esa tarde o noche ninguna emisora republicana informara de la muerte de Unamuno; tal vez fuera demasiado pronto para que eso sucediera. En todo caso, ¿qué le importaba a él lo que dijera un medio enemigo? ¿Qué sabrían ellos del caso? Y, sobre todo, ¿quién iba a creerlos? Al fin y al cabo, había una «guerra de radios», y expandir rumores falsos formaba parte de las estrategias de propaganda y contrapropaganda de ambos bandos, y, si no, que se lo preguntaran a él y a sus camaradas, que de eso sabían bastante; por no hablar de que entonces estaba prohibido escuchar las emisoras del enemigo. Así y todo, Aragón se encierra en el hotel Novelty, donde estaba alojado, y, al día siguiente, no acude a la misa de funeral. ¿Tan sobrecogido y consternado estaba? ¿Tan destrozado por una muerte natural, alguien que acababa de estar en el frente de Riotinto? Unamuno no era de la familia, ni siquiera un amigo cercano, ni nadie con quien hubiera mantenido una relación asidua o continuada en el tiempo. Y, según su propio testimonio, su fallecimiento había sido plácido, tranquilo, sin grandes sufrimientos. ¿A qué venía entonces tanto dolor? ¿Tanto lo quería? ¿Tanto lo apreciaba y admiraba?

¿Acaso le daban miedo los cuchicheos que pudieran producirse a su alrededor? ¿O su angustia y su deseo de no mostrarse en público tenían que ver más bien con otra cosa? Al parecer, tampoco estuvo en el entierro, y su nombre no aparece en la noticia que de la muerte de Unamuno da el periódico *La Provincia de FE*, el que él había dirigido hasta hacía cuarenta días en Huelva, lo que llama mucho la atención. Tan solo se dice que don Miguel estaba conversando con un «amigo», sin más detalles.

En el sepelio, muchos ciudadanos salmantinos pudieron asistir a un auténtico despliegue de los falangistas, que, como ya hemos dicho, monopolizaron las honras fúnebres, llegando a discutir con algunos profesores que pretendían restarles protagonismo. De ello nos han quedado algunos testimonios y varias fotografías. Una de las más ilustrativas está tomada en un plano picado, tal vez desde un andamio o una escalera; una imagen muy estudiada. En ella vemos a cuatro falangistas saliendo del portal de Bordadores con el ataúd de Unamuno, uniformados con camisa azul, correajes e insignias. No son unos falangistas cualesquiera; vemos al escritor y periodista Víctor de la Serna, que acude también en representación del jefe nacional de la Falange, Manuel Hedilla; al conocido tenor Miguel Fleta, al cineasta Antonio de Obregón y al periodista Emilio Díaz Ferrer. En la calle algunos de los presentes hacen el saludo fascista. Los mencionados fueron luego sustituidos por Mariano Rodríguez de Rivas, Melchor Martín Almagro, Carlos Domínguez Martín y Víctor Alonso. Todos ellos eran colaboradores de Prensa y Propaganda, a las órdenes de Millán Astray, salvo Fleta, que se encontraba en esas fechas en la ciudad porque estaba casado con la salmantina Carmen Mirat. Eso sí, ni a la misa de funeral ni al sepelio asistieron representantes de las autoridades militares de los sublevados.

El caso es que a Unamuno lo enterraron como si fuera un falangista, un fascista, uno «de los suyos», lo que lo venía a confirmar para siempre como traidor a la República y a sus convicciones liberales, cuando en realidad era un héroe, un héroe trágico, como Rizal en su momento o como Lorca unos meses antes. Así cuenta cómo fue su apropiación por parte de la Falange Miguel de Unamuno Adarraga, nieto del escritor, en el documental *Palabras para un fin del mundo*:

Al día siguiente, ya por la mañana, de pronto, sin previo aviso, se presentaron unos falangistas conocidos, Fleta, etc., etc.; agarraron el féretro y se lo llevaron sin más; por supuesto, sin pedir permiso a nadie, ni hacer ningún comentario, ni nada más. Luego ya las escenas del cementerio, la salida, toda aquella manifestación… fascista, organizada, bastante preparada y dramatizada. Y entonces mi primo [Miguelín], que tenía siete años, se asustó y creo que decía: «¡Que lo van a tirar al río!». Se lo decía a mi tía Felisa, que vivía allí con él. Y bueno, pues eso es lo que sé. Fue un robo, casi, casi violento, por decirlo así, y sin pedir permiso a nadie, claro. Se apoderaron de él hasta el final, no solo del cuerpo, sino de…, con el uso que hicieron propagandístico y demás, intentando presentarlo poco menos que como un fascista. Eso es todo, que es mucho.

Y así lo había reconocido el jefe de la Falange de Salamanca Francisco Bravo, con su habitual franqueza, en un artículo publicado en 1964 en *La Gaceta Regional de Salamanca*: «Don Miguel iba a ser enterrado a nuestro estilo. Víctor de la Serna y otros falangistas organizaron su sepelio. Cuando fue encerrado en su nicho se le dijeron los presentes de rigor, como a un militante más. Es como si don Miguel hubiera muerto con la camisa azul sobre su pecho, abrigando su cansado corazón que siempre latió, en error y en verdad, al servicio y al amor de la vieja España». De hecho, García Venero y Giménez Caballero hablaron ese día de Unamuno como si se tratara de un camarada, y los falangistas allí presentes desfilaron ante su féretro para luego detenerse frente al nicho en posición de firmes.

De esta forma lo narra, por su parte, José María Ramos Loscertales en el famoso prólogo al libro de Aragón: «Un hombre vestido de azul, en alto el brazo, alzó su voz viril bajo el cielo gris del atardecer de enero ante la tumba abierta: MIGUEL DE UNAMUNO Y JUGO, y la Falange contestó: ¡PRESENTE! Por allá dijeron a esto que Miguel de Unamuno fue requisado por los nacionalsindicalistas. Un acto sobria y austeramente sentimental en honra de este gran valor español puede ser interpretado como se quiera. A él le hubiera satisfecho. A José Antonio Primo de Rivera también. Y basta». (Como en otras citas, las mayúsculas son del autor, suponemos que para poner de relieve la virilidad y la potencia de la voz del anónimo falangista).

Con esas palabras tan tajantes termina el exrector su escrito, como afirmando «lo digo yo, y basta», que es como suelen imponer su opinión y zanjar las discusiones las personas autoritarias y los sargentos cuarteleros, esos que siempre tratan de vencer en lugar de intentar convencer; reprimir en lugar de persuadir; aplastar en lugar de razonar. Solo eso debería ser suficiente para no otorgarle a su prólogo ninguna clase de credibilidad; todo en él parece tener una clara intención propagandística. Y eso lo hace cuando Unamuno ya no podía defenderse ni refutar sus ideas. Pero sí que sabemos lo que don Miguel había declarado sobre la Falange en una entrevista concedida al periodista polaco Roman Fajans apenas un mes antes: «Y, créame, la Falange es sin duda el mayor peligro de los que amenazan a España. Son locos, fanáticos, que calcan ciegamente una idea extranjera y estrecha. Renuncian a su propia patria y a sus ideas seculares». «A medida que hablaba, la violencia de su filípica aumentaba constantemente», comenta entonces el periodista. «Hablaba como si estuviera dictando su testamento ideológico. Sus palabras fluían con tal rapidez que se tenía la impresión de verlo inquietarse por el tiempo que le quedaba para pronunciarlas todas», añade después.

Es posible, por lo demás, que a José Antonio Primo de Rivera, que había sido ejecutado cuarenta días antes, ese acto lo hubiera complacido —aunque no estamos seguros del todo, pues hasta cierto punto respetaba a Unamuno—, pero, sin duda, don Miguel debe de estar removiéndose todavía dentro de su ataúd. ¡Él, que nunca se dejó clasificar, enterrado como un fascista y sin poder protestar! No puede imaginarse nada más infamante e ignominioso para su persona y para todo lo que Unamuno representaba. Y es que el entierro de don Miguel fue un ultraje y una profanación, la profanación pública y simbólica de un cadáver. Una acción, por lo tanto, execrable.

A Unamuno se lo apropió la Falange —del mismo modo, por cierto, que Franco se había apropiado de José Antonio, al que en realidad temía y detestaba, tras su oportuna muerte; hay que reconocer que el Generalísimo era una persona con suerte, la famosa *baraka*, y un experto en servirse de las memorias ajenas— y los sublevados siguieron utilizándolo después de su desaparición, y ello a pesar del rechazo y desprecio que sentían hacia él, o precisamente por eso, nunca se sabe. Gracias a su muerte, pudieron asimilar su figura al Nuevo Estado que estaban construyendo. Así que, como era de esperar, Unamuno murió envuelto en paradojas. Los fascistas lo enterraron como a uno de los suyos, a pesar de que lo veían como un traidor. Para los republicanos, era un traidor, a pesar de haberse enfrentado a los sublevados. En definitiva, fue un héroe al que los *hunos* y los *hotros* consideraban un traidor, aunque fuera por motivos diferentes y se podría decir que complementarios. Nadie, por tanto, ha encarnado como él el borgiano «tema del traidor y del héroe».

Tras el 12 de octubre, Unamuno se había convertido en una bomba de relojería y, con su muerte, esta quedó completamente desactivada. Pero eso no les bastó. Tenían que destruir su legado y apropiarse de su memoria, que, para Unamuno, era lo único que en verdad permanece tras la muerte física, la única forma de inmortalidad o vida eterna que nos queda, la única posibilidad de pervivencia. «Cuando las dudas nos invaden y nublan la fe en la inmortalidad del alma —escribe en *Del sentimiento trágico de la vida*—, cobra brío y doloroso empuje el ansia de perpetuar el nombre y la fama, de alcanzar una sombra de inmortalidad siquiera. Y de aquí esa tremenda lucha por singularizarse, por sobrevivir de algún modo en la memoria de los otros y de los venideros». Pues hasta eso se lo quitaron o al menos trataron de hacerlo. Una vez desaparecido Unamuno, los sublevados se afanaron en recordar que, desde un principio, este se había adherido al alzamiento militar y que, por tanto, era uno de los suyos, siendo en realidad uno de sus mayores detractores; no en vano les hizo frente y les plantó cara en su propio territorio, en zona ocupada, al lado mismo del cuartel general de Franco, rodeado de militares y falangistas, y en el momento en el que menos se lo esperaban. Hay que ser todo un héroe para hacer algo así, un héroe agónico, un agonista heroico.

Una tragedia borgiana, quijotesca, shakespeariana y sofocleana

La doble muerte de Unamuno, en el doble sentido aquí planteado, constituye un relato digno de figurar en la *Historia universal de la infamia* que acababa de publicar Jorge Luis Borges un año antes. Como ya se habrá visto, don Miguel siempre fue un personaje muy borgiano. El autor de *Ficciones* llegó a decir que la figura de Unamuno valía más que todas sus obras. Por nuestra parte, consideramos que Miguel de Unamuno es la mejor creación del propio Miguel de Unamuno, esto es, su mejor personaje, su mejor obra, la que integra y da sentido y unidad a todas las demás, la que, en definitiva, lo ha hecho inmortal e incluso lo ha convertido en un icono. En efecto, todo el mundo reconoce la imagen de ese hombre «alto, erguido, con su eterno traje de pastor protestante, que le iba tan bien», como lo describió María de Maeztu, que gozó de su amistad, o con «su indumentaria de cuáquero», según lo definió su amigo Bernardo González de Candamo. Siempre de oscuro, el porte austero y el chaleco severamente cerrado hasta la nuez; con la boina o el sombrero negro; el pelo y la barba blancos, dulcificándolo un poco; los ojos de búho, la mirada de águila y las gafas de carey. En fin, todo un personaje, ese mismo que algunos trataron de destruir después de su muerte física.

Y es que Unamuno, movido por ese anhelo de *querer ser* del que tanto hablaba, se había ido creando a sí mismo no solo en su vida, sino también —y nosotros diríamos que sobre todo— en su obra, y, de manera muy especial, en sus novelas, que no son más que la novela de su vida, como él mismo reconoce en el «Epílogo» de *La novela de don Sandalio, jugador de ajedrez*, donde afirma: «[T]odo poeta, todo creador, todo novelador —novelar es crear—, al crear personajes se está creando a sí mismo…». En efecto, sus criaturas literarias, vistas en su conjunto, son fragmentos o facetas de ese yo múltiple, cambiante, difuso, heterogéneo y contradictorio de Unamuno. No la expresión de una identidad ya configurada, sino la creación de esta a lo largo del tiempo, ya que, para Unamuno, la identidad personal es algo que se va haciendo y deshaciendo en el proceso mismo de escritura, a través de esas máscaras que son los personajes y de las voces que en la novela hablan. Don Miguel era filólogo y sabía muy bien que la personalidad es una máscara o, mejor dicho, un juego de máscaras.

Lo que Unamuno hace en sus obras y especialmente en sus novelas no es narrarnos su vida, sino construirse una existencia, crearse un yo, singularizarse, hacerse él mismo en la escritura y garantizarse de esta forma una supervivencia o eternidad. Don Miguel era consciente de que el escritor, el creador, como hombre que era, desaparecería tarde o temprano. Pero sus obras y sus personajes, que estaban hechos de palabras, no morirían. Serían sus criaturas las que a lo largo del tiempo mantendrían viva su memoria y su personalidad y acabarían creando a su supuesto creador. Y es que, al igual que Cervantes, don Miguel es hijo de sus obras más que ellas de él. Su biografía es, en cierto modo, su bibliografía, que es muy extensa y variada.

Pero Unamuno no solo es hijo de sus propias creaciones, sino también de algunas obras ajenas y sobre todo de la novela por excelencia, de la madre de todas las novelas, ya que, dentro de ese proceso de convertirse a sí mismo en personaje, será fundamental su progresiva identificación con don Quijote, el más grande y el más humano de todos los personajes que en el mundo han sido, su principal modelo y referente, ese al que acabará situando en el centro de una buena parte de su propia obra y, desde luego, de su vida, si es que cabe hacer tal distinción. Según María Zambrano, Unamuno «[p]adeció hambre de personaje, hambre de personaje que se le revela frente a Don Quijote, pues solo un personaje de esa sustancia metafísica y poética se la calmaría». Esto explica que don Miguel reescriba y reinterprete el *Quijote* en su libro *Vida de don Quijote y Sancho* (1905) y en otros muchos escritos, haciendo totalmente suyo al ingenioso hidalgo y enmendándole la plana al propio Cervantes. No en vano Fernando Iwasaki y Emilio Carilla han llegado a insinuar que Borges se basó en Unamuno para escribir su célebre cuento «Pierre Menard, autor del Quijote». Como nos muestra María Paula Cantero en un reciente estudio, Carlos Serrano propone una teoría más borgiana todavía, ya que «sostiene que Unamuno es el autor original del cuento de Borges, antes de que este fuera escrito; es decir que Borges habría hecho con la obra de Unamuno lo que Unamuno hace con el *Quijote* de Cervantes».

Al igual que el Caballero de la Triste Figura, Unamuno también fue derrotado y confinado en su casa como un héroe vencido y cansado tras muchos años de duro batallar. Como el ingenioso hidalgo, murió cuerdo en medio de tanta locura colectiva. En definitiva, don Miguel pereció como había vivido, imitando a don Quijote, a su don Quijote, tal y como él lo concebía. Sobre este asunto llega a comentar en su libro inacabado *Manual de quijotismo*, redactado durante sus años de destierro:

> Escribí mi *Vida de don Quijote y Sancho*, que fue obra contemplativa, aunque de contemplación activa. Después comencé mi acción, mi imitación de Don Quijote arremetiendo contra el retablo de Maese Pedro, el rey don Alfonso XIII. Mi campaña desde 1914; me llamó el rey; golpe de Estado, mi deportación. Y en Fuerteventura concebí esta, otra obra, de acción contemplativa, después de haber hecho el Don Quijote. Esto es una contemplación de mi acción. En 1914 fui destituido del rectorado; aquello me sirvió de visión camino de Damasco. ¿Primo de Rivera o, mejor, Anido, me apartaron de mi sendero, de mi divina misión? Todo lo contrario. En este misterio cristiano de Don Quijote fundo en uno mi *Vida de Don Quijote y Sancho*, mi *Sentimiento trágico de la vida* y mi *Agonía del cristianismo*. Y es la resignación a la muerte, mi testamento y la contemplación de mi obra histórica.

Unamuno, pues, se creó a sí mismo imitando a don Quijote, y de quijotescas podrían calificarse muchas de sus acciones, sobre todo las que tienen que ver con sus enfrentamientos con el poder, que tan caros le costaron; y, entre ellas, la más quijotesca de todas sus aventuras fue la del famoso parlamento en el paraninfo, su personal versión del quijotesco discurso de las armas y las letras. Como don Quijote, este otro anciano heroico y venerable no dudará en enfrentarse a todos aquellos bellacos, follones y malnacidos que pretendían sembrar la muerte y cercenar la libertad de los españoles. Y lo hará solo y con las únicas armas que posee, las palabras. De modo que cabe decir que culminó su existencia completamente *quijotizado*. «Don Miguel —señala Zambrano— ve o proyecta en Don Quijote el drama de su propia existencia». Gracias a ello, Unamuno pudo exclamar por fin «yo sé quién soy», esa afirmación quijotesca que tanto lo obsesionaba y con la que comienzan varios de los poemas incluidos en su *Cancionero*, un diario poético que lo acompañó en los últimos años de su vida.

Por algunos de sus escritos finales sabemos también que Unamuno pasó los últimos días de su existencia leyendo a Shakespeare con gran avidez, sobre todo la tragedia de *El rey Lear*, sin duda el personaje shakespeariano con el que él más se identificaba. Como el pobre rey, asiste desolado y vencido por el dolor a una guerra fratricida. En un artículo titulado «En el torbellino», que no llegó a publicar, escribe Unamuno: «Estaba releyendo *El rey Lear*, y al llegar a aquello de "¡No me dejes volverme loco, no loco, dulce cielo!; ¡mantenme sereno!; ¡no querría volverme loco!" Al llegar a esto, tuve que detenerme. Porque yo, que he acusado a mis compatriotas de haberse vuelto locos, siento que me envuelve su locura, que se me está criando mala sangre. Con un poder de aborrecimiento, de tirria, de rencor, de que no me creía capaz». Y luego añade: «Vuelvo a decirme lo que se decía el rey Lear. Y siento con abrumadora pesadumbre que esta discordia civil se hace a las veces doméstica; que hay familias en lucha intestina». Unamuno, en fin, era consciente de estar viviendo una tragedia llena de ruido y de furia: «Y es que España, aquella mi pobre España, estaba loca y aterrada de sí misma. ¿Qué terrible y juguetona divinidad shakespeariana se divertía entonces con nosotros, los españoles, lanzándonos a los unos contra los otros?».

Al final, Unamuno murió como «San José Rizal», mártir de la independencia de Filipinas, del que llegó a decir que fue «un Quijote doblado de un Hamlet; fue un Quijote del pensamiento a quien le repugnaban las impurezas de la realidad. Sus hazañas fueron sus libros, sus escritos; su heroísmo fue el heroísmo del escritor». La misma clase de heroísmo, por tanto, que lo convirtió a él en «San Miguel de Unamuno, mártir». «Hay que hacerse mártires, esto es: testigos de esa cultura; y el mártir da su vida por la palabra, por la libertad de la palabra», había proclamado don Miguel en la que fuera su última lección en la Universidad, antes de jubilarse. En su caso, fue víctima de una cruzada, esa a la que él —«¡cándido de mí!», reconocerá después— le había pedido que salvara la civilización cristiana occidental, sin darse cuenta de que lo que iban a hacer en verdad era arrasarla, hacer *tabula rasa* para edificar sobre los escombros un Nuevo Estado de corte fascista. «Cómo y por qué me adherí al movim[iento]. Salvar la civilización occidental cristiana. Ya antes había yo atacado al Frente Popular. Pero pronto me di cuenta de que los métodos no eran ni civilizados sino militarizados —ay, la terrible específica elementalidad castrense española— [n]i occidentales sino africanos —África, espiritualmente, no es Occidente— ni menos cristianos, sino del bárbaro y grosero paganismo católico tradicionalista español», acabará confesando el 28 de diciembre, día de los Santos Inocentes, como él, en el que tal vez sea su último escrito.

Seguimos sin saber qué sucedió exactamente la tarde del 31 de diciembre de 1936 en casa de don Miguel. No lo sabemos y lo más seguro es que ya nunca lo sepamos con absoluta certeza. Los únicos que podían haberlo revelado no lo hicieron. Uno porque ya no pudo contarlo y el otro porque se llevó su secreto a la tumba, tras pasarse la vida sosteniendo un relato, en nuestra opinión, engañoso, contradictorio y tergiversador. Pero ocurriera lo que allí ocurriera, estamos seguros de que fue un final digno de una tragedia clásica, y no uno propio de un drama de mesa camilla o de un cuento navideño. Una tragedia, eso sí, que aconteció fuera de escena, fuera de los focos, entre bambalinas, en la intimidad de su vivienda de la calle Bordadores. Una tragedia borrada y silenciada por la propaganda franquista y, por ello, más trágica todavía. Don Miguel no pudo morir luchando en el campo de batalla o en una trinchera, ni subido a una tribuna, ni frente a un pelotón de fusilamiento, ni siquiera en una cuneta o en una zanja, sino en su mesa camilla, junto al brasero de cisco, con las zapatillas de andar por casa, después de perorar como un viejo cascarrabias ante un individuo que fingía admirarlo. Pero no por ello su muerte nos provoca menos horror y piedad. Y es que, al igual que Antígona, que «sufrió martirio» por dar sepultura a su hermano Polinices contra la voluntad del rey Creonte, conducta que el propio Unamuno califica de «admirable» en el prólogo de *La tía Tula*, nuestro agónico héroe tuvo que morir por haber trasgredido o desobedecido la ley del tirano, por haberse enfrentado, en definitiva, al poder. Ese era su *fatum*. No había otro remedio.

Epílogo: porque no todo está escrito, y menos aún el pasado

Al día siguiente de la muerte de Unamuno, el *ABC* de Sevilla, el de los sublevados, da la noticia de forma escueta, pero en un lugar destacado. Esto es lo que, entre otras cosas, escribe el corresponsal del periódico en Salamanca: «Unamuno venía haciendo en el día de hoy su vida normal, y hacia las seis de la tarde, encontrándose en su casa sentado en torno a una camilla conversando con otras personas, falleció repentinamente sin que pudiera ser auxiliado por la ciencia, pues ninguna dolencia hacía presentir tan rápido desenlace». Sobre el entierro dirá luego: «Muchas personas acompañaron al cadáver hasta el Cementerio, en cuyo lugar un periodista madrileño pronunció breves palabras diciendo que la obra de don Miguel de Unamuno vivía con nosotros para asombro del mundo».

El *ABC* de Madrid, el de la otra España, la leal a la República, comentará por su parte días después: «Unamuno ha muerto. No ha muerto ahora. Estaba muerto. Murió el mismo día que se pronunció por lo que más había combatido, por los militares, los banqueros y los obispos, al servicio del III Reich y de Italia; es decir, por lo que él llamaba civilización occidental. Desde ese día era un cadáver». «Un cadáver insepulto», insistirá después. La revista *Hora de España*, de cuya redacción formaba parte su yerno José María Quiroga, militante del Partido Comunista y miembro de la Alianza de Intelectuales Antifascistas, quien desde el exilio parisino terminaría de pagar el nicho en el que estaban enterrados su esposa y don Miguel, fue más piadosa y benevolente: «Unamuno, a quien todos hemos amado y combatido, muere como era fatal que muriese, en flagrante contradicción con todos y con todo».

En enero de 1937, Borges publicó en la revista *Sur* un artículo titulado «Inmortalidad de Unamuno», donde proclama: «El primer escritor de nuestro idioma acaba de morir; no sé de un homenaje mejor que proseguir las ricas discusiones iniciadas por él y que desentrañar las leyes secretas de su alma». Mucho más cerca, Antonio Machado puntualizó: «Señalemos hoy que Unamuno ha muerto repentinamente, como el que muere en guerra. ¿Contra quién? Quizá contra sí mismo; acaso también, aunque muchos no lo crean, contra los hombres que han vendido a España y traicionado a su pueblo. ¿Contra el pueblo mismo? No lo he creído nunca ni lo creeré jamás».

Cuando Ortega y Gasset se enteró de la desaparición de don Miguel, declaró conmovido: «La voz de Unamuno sonaba sin parar en los ámbitos de España desde hace más de un cuarto de siglo. Al cesar para siempre, temo que padezca nuestro país una era de atroz silencio». Y eso fue lo que ocurrió. Con su muerte comenzó una época que, años después, el escritor Luis Martín-Santos calificaría precisamente de «tiempo de silencio» en su novela del mismo título. Un silencio forzado y obligado, para unos; deliberado y cómplice, por parte de otros.

Para los vencedores, por supuesto, fue una etapa de júbilo y de retórica triunfalista. También para Bartolomé Aragón. Por lo que sabemos, abandonó Salamanca a finales de enero. Está documentado que el 11 de enero de 1937 asistió al claustro de la Escuela de Comercio y que los días 26 y 29 de enero escribió sendas cartas al secretario de la Facultad de Derecho sobre temas administrativos. Según su expediente militar, desde enero de 1937 a marzo de ese mismo año estuvo haciendo el cursillo de alférez provisional de Intendencia en la academia de Burgos, convocado en el *BOE* del 4 de enero. Luego especifica que fue admitido en los cursillos el 24 de enero de 1937. En Burgos obtuvo el 1 de marzo el empleo de alférez provisional y el día 3 fue destinado al 6.º Grupo Divisionario de Intendencia. De sus actividades en las Brigadas Navarras del ejército franquista, entre el 31 de marzo y el 21 de octubre de 1937, da buena cuenta en su libro *Con Intendencia Militar de las Gloriosas Brigadas Navarras*, que sorprende por su minuciosidad. En él señala que se incorporó a estas unos días antes del comienzo de la ofensiva sobre Vizcaya y que realizó toda la campaña del norte, hasta la ocupación de Gijón, siempre en tareas de intendencia. En enero de 1938, estuvo examinando tanto en la Facultad de Derecho como en la Escuela de Comercio, y el 21 de abril de ese año fue ascendido al empleo de teniente provisional de Intendencia. En el mes de julio se le nombró vocal del Consejo Superior de Beneficencia y Obras Sociales en calidad de militante de FET y de las JONS.

Terminada la guerra, Bartolomé Aragón sigue figurando como profesor auxiliar de la Facultad de Derecho en el curso 1939-1940, pero pronto fue sustituido por haberse adscrito al Ministerio de Trabajo y ya no se reincorporaría a sus plazas de docente en Salamanca. Es posible que la ciudad del Tormes no le provocara gratos recuerdos o que se le quedara pequeña para sus ambiciones políticas. Por eso acaba en Madrid, donde se estaba terminando de cocinar un régimen que duraría varias décadas y dejaría una amarga herencia. Allí llevará a cabo numerosas tareas al servicio del Nuevo Estado y hará una gran carrera dentro del franquismo. Sabemos, por ejemplo, que trabajó en el Ministerio de Organización y Acción Sindical, donde desempeñó con gran eficacia la Jefatura de la Oficina de Enlace del Servicio Nacional de Prensa y Propaganda. En enero de 1941, comenzó a impartir clases en la Escuela Social de Madrid como profesor auxiliar de Mutualidad y Cooperación, y en marzo ingresó por oposición en el Cuerpo General Técnico de Administración Civil. Pronto pasó a ser jefe de servicio de la Obra Nacional Cooperativa del Ministerio de Trabajo, y en diciembre fue nombrado vocal del Consejo General del Instituto Social de la Marina, en representación de la Delegación Nacional de Sindicatos. En marzo de 1943 se convirtió en vicepresidente del Banco Rural. En marzo de 1960 fue designado vocal de la Junta de Gobierno del Consorcio de Compensación de Seguros, en representación del Ministerio de Trabajo, y en octubre de 1961 fue promovido a la categoría de jefe superior de Administración Civil del Cuerpo Técnico Administrativo del Ministerio de Trabajo. En definitiva, fue uno de los cerebros grises de la dictadura franquista, de esos que, por prudencia deliberada o discreción, no dejaron demasiada huella en los libros ni en las hemerotecas ni en los archivos.

Por último, en 1968 recibió la Medalla al Mérito del Trabajo, en la categoría de Plata, otorgada por el régimen por todos los servicios prestados. Cosa extraña, apenas se conserva documentación en el expediente, y, en el detallado currículum aparecido en el *BOE* con motivo de la concesión, no se mencionan los puestos como profesor ocupados en Salamanca, pero sí otros detalles de menos relevancia de sus etapas posteriores, como si durante un tiempo hubiera decidido borrar su rastro en esta ciudad. La vida de Bartolomé Aragón fue sin duda un continuo hacerse y deshacerse, autoafirmarse y negarse.

Curiosamente, dos años antes se le había impuesto la misma medalla al exrector Esteban Madruga Jiménez, el que sucedió a Miguel de Unamuno cuando a este lo destituyeron. Fue en un acto celebrado en el paraninfo de la Universidad de Salamanca, el escenario del famoso enfrentamiento, y en él estuvo presente el ministro de Trabajo de turno. La vida a veces se complace en establecer curiosos paralelismos, contraposiciones y simetrías.

En el plano social, Bartolomé Aragón se procuró también cierto ascenso y, tras su matrimonio en 1945 con Pilar de Pineda y Cabanellas, se convirtió en marqués de Campo Santo; aunque lo parezca, no es un invento ni una leyenda. La vida también se solaza con esta clase de ironías. Al mismo tiempo, y a juzgar por alguna noticia publicada en *ABC*, debió de conseguir una estimable fortuna. Por otra parte, siguió con su carácter un tanto mitómano, pues, al parecer, presumía de haber comprado la casa en la que había vivido Azorín en la calle Zorrilla de Madrid. Se ve que, como el Lazarillo, había determinado arrimarse siempre a los buenos, entre ellos algunos escritores de prestigio; y lo cierto es que le fue bien.

Después de su desaparición, Unamuno siguió siendo una figura incómoda para los franquistas, que no dudaban en servirse de él y en profanar su memoria cada vez que se les presentaba la ocasión. Uno de los mayores atropellos cometidos, durante la posguerra, contra don Miguel fue darle su nombre a un campo de concentración. Este se estableció en el edificio de un grupo escolar llamado Miguel de Unamuno, ubicado en la calle de Alicante, en el distrito de Arganzuela de la ciudad de Madrid. Lo esperable habría sido que cambiaran la denominación, pero esta se mantuvo para infamar y escarnecer todavía más al ilustre escritor, lo que sin duda vino a agravar su muerte simbólica. Según la web dedicada a «Los campos de concentración de Franco», se trataba de un campo «de larga duración. Además de la labor puramente represiva, fue uno de los lugares en los que se constituían los Batallones de Trabajadores y los Batallones Disciplinarios de Soldados Trabajadores. Operó desde, al menos, junio de 1939 hasta diciembre de 1942». En la actualidad, es el CEIP Miguel de Unamuno.

Por otro lado, la mala fama de don Miguel llegó a tal extremo que, en el imaginario popular, se convirtió en una especie de coco u hombre del saco con el que se atemorizaba a los niños, al menos en Salamanca. Esto es lo que dice al respecto el ilustrador Javier Prado en la web titulada «Monstruos Ibéricos. Ogros y asustaniños españoles»:

> Ha quedado recogido que, por las calles de la Salamanca de los años 50, eran muchos los niños que se asustaban los unos a los otros al grito de «¡Que viene Unamuno!». Como si no tuviera bastante con haber sido desterrado por la dictadura de Primo de Rivera y finalmente destituido como rector universitario durante sus últimos meses de vida, el pobre Unamuno acabó transformado en un coco de la tradición popular de su ciudad natal. Aunque, por otro lado, esta reputación funesta del escritor de la generación del 98 parece anterior a la Guerra Civil. El [novelista] Luciano G. Egido explica: «por mi parte, recuerdo, y lo he contado en algún sitio, por habérselo oído contar a mi madre, que, cuando durante la Segunda República, se lanzó la idea de dedicarle a Unamuno un monumento en el centro de la ciudad, la gente tuvo la creencia de que se le iba a levantar en Salamanca un monumento al demonio.

El mismo año en que Bartolomé Aragón recibió su Medalla al Mérito del Trabajo, se conmemoró en Salamanca, aunque con retraso, el trigésimo aniversario de la muerte de Miguel de Unamuno. Tras un tiempo de obligada expiación, su figura comenzaba a ser rehabilitada públicamente. Con ese motivo se inauguró la estatua que hay frente a su antigua casa, en la calle Bordadores, obra de Pablo Serrano. De ella hay una fotografía en la que se ve cómo un empleado del ayuntamiento la riega con una manguera ante la mirada divertida de unos transeúntes. La imagen muestra la figura esculpida de Unamuno de espaldas; sobre ellas cae un potente chorro de agua fría y municipal, como si se tratara de un lavado de imagen. Todo un símbolo de lo ocurrido con el mayor intelectual de su tiempo: antes de homenajearlo y rescatarlo del purgatorio al que había sido condenado por el franquismo, había que limpiarlo y purificarlo convenientemente o, mejor dicho, depurarlo, por usar un verbo que se conjugó mucho durante la guerra y la posguerra en España, ya sabemos con qué oscuro significado.

No en vano, en los cuarenta y cincuenta la Iglesia lo había atacado con dureza por su pensamiento herético y había llegado a prohibir o a desaconsejar la lectura de algunas de sus obras. El que fuera obispo de Salamanca, Enrique Pla y Deniel —el mismo que estaba presente en el paraninfo aquel 12 de octubre de fausta e infausta memoria, el que le cedió su palacio episcopal al general Franco para que instalara en él su cuartel y residencia—, en una carta pastoral publicada en 1942, recién nombrado arzobispo de Toledo, declaró «prohibido por las reglas generales del código de derecho canónico el libro *Del sentimiento trágico de la vida*». Todo un honor para don Miguel, que pocos años más tarde fue definido por el jesuita y profesor Nemesio González Caminero, en una extensa monografía dedicada a su crisis religiosa, como «el mayor hereje español de los tiempos modernos», sin duda el mayor elogio que, en tales circunstancias, podía hacérsele al autor de *La agonía del cristianismo*. Este dictamen fue corroborado en 1953 por el obispo de Canarias, Antonio Pildáin y Zapiáin, que, además de proscribir la lectura de algunas de sus obras, lo llamó «hereje máximo y maestro de herejías» en una carta pastoral en la que se opone con toda clase de argumentos doctrinales a la inauguración de la Casa-Museo Unamuno, creada con motivo del VII Centenario de la Universidad de Salamanca. En contra de lo que de forma insistente predica su religión, algunos jerarcas de la Iglesia católica ni olvidaban ni perdonaban las supuestas ofensas recibidas por parte de don Miguel. Por algunos testimonios sabemos, por otra parte, que todavía en los años cincuenta muchas obras de Unamuno se encontraban arrumbadas en un oscuro rincón de la Biblioteca General Histórica de la Universidad de Salamanca, dado que los estudiantes no podían leerlas ni consultarlas.

Por desgracia, el espíritu inquisitorial no es exclusivo de la Iglesia o del franquismo. También anida, a veces, en el lado opuesto. En nuestra opinión, se ha sido muy injusto con el último Unamuno, al que algunos estudiosos e historiadores todavía siguen acusando de haber colaborado con los sublevados; lo que hasta cierto punto es cierto, eso nadie puede negarlo. Sin embargo, no se le reconoce que muy pronto se dio cuenta del terrible error cometido, del que él mismo logró redimirse con un acto heroico; de ahí que acabara como terminó.

Unamuno fue un mártir y su trágica muerte lo ha convertido, con el paso del tiempo, en un símbolo vivo, pues nadie encarna mejor que él la defensa de la cultura, de la literatura, del pensamiento y de la palabra, de la libertad de la palabra contra la opresión de la tiranía y de la barbarie. Como Lorca y tantos otros, Unamuno fue una víctima del franquismo. Es verdad que su cuerpo no yace en una cuneta ni en una fosa anónima, sino en un nicho del cementerio de Salamanca perfectamente numerado e identificado. Es la memoria de lo que ocurrió en su casa esa tarde del 31 de diciembre de 1936 la que sigue enterrada en una especie de cuneta, bajo un montón de falsedades y tergiversaciones. Desde entonces se ha escrito e investigado mucho sobre la vida y la obra de Unamuno, se han publicado centenares de libros y miles de artículos, se han celebrado numerosos congresos, seminarios y cursos y organizado toda clase de tributos y homenajes. Pero lo cierto es que, ochenta y cinco años después de su doble muerte, don Miguel sigue esperando en su nicho a que se le haga justicia.

Deudas y agradecimientos

Queremos dar las gracias públicamente a Ricardo Rivero Ortega, rector de la Universidad de Salamanca, por habernos apoyado en este proyecto; a Francisco Etxeberria, antropólogo forense y profesor de Medicina Legal y Forense de la Universidad del País Vasco, por su asesoramiento y sus declaraciones; a Ana Chaguaceda, directora de la Casa-Museo Unamuno, por la ayuda prestada; a Elías Díaz, por sus aportaciones sobre Bartolomé Aragón; a Fernando Carbajo Cascón, catedrático de Derecho de la Universidad de Salamanca, por su experta lectura; a José Antonio Sánchez Paso, por la revisión del texto y sus sabios consejos, así como a los nietos y otros familiares de Miguel de Unamuno y Jugo, a Colette y Jean Claude Rabaté, a los herederos de Ignacio Serrano Serrano, a Mariano Esteban de Vega, a Margarita Becedas, a Francisco Blanco Prieto, a Ana Martínez Rus, a Patricia Cifre Wibrow y a Angelita Calvo.

Queremos dejar constancia también de algunos de los archivos consultados para llevar a cabo nuestra investigación: archivos analógicos y digitales de los periódicos *ABC*, *Arriba*, *El País*, *La Gaceta Regional de Salamanca*, *El Adelanto* (Salamanca), *La Provincia* (Huelva), *Imperio* (Zamora); archivo digital del *BOE*; archivo de la Casa-Museo Unamuno; Archivos y Bibliotecas de la Universidad de Salamanca; Archivo de la Guerra Civil de Salamanca; Archivo Militar de Ávila; Registro Civil de Salamanca…

Asimismo, hemos utilizado, entre otros, los siguientes libros y artículos: Luis Álvarez-Castro, «¿Quién mató a Augusto Pérez? Control hermenéutico y chantaje existencial en *Niebla*, de Unamuno», *Revista de Estudios Hispánicos*, vol. 46, 1, 2012, pp. 25-47; Bartolomé Aragón, *Síntesis de economía corporativa*, Salamanca: Librería «La

Facultad», 1937; *Con Intendencia Militar de las Gloriosas Brigadas Navarras*, Madrid: Imprenta del Patronato de Huérfanos de Intendencia e Intervención Militares, 1940; *Cuatro estudios sobre sindicalismo vertical*, Zaragoza: Tipografía «La Académica», 1939; Arturo Barea, *La forja de un rebelde*, Madrid: Cátedra, 2019; *Unamuno*, Barcelona: Espasa, 2020; Francisco Blanco Prieto, *Miguel de Unamuno. Mitos y leyendas*, Salamanca: Fundación Salamanca Ciudad de Cultura y Saberes, 2020; «La muerte de Unamuno fue natural, imprevista y repentina», noviembre de 2020, www.todoslosnombres.org; Jorge Luis Borges, *Obras completas*, 4 vols., Barcelona: Círculo de Lectores, 1992-1993; Sandro Borzoni, *Miguel de Unamuno frente a las ideologías totalitarias en la década de los treinta*, tesis doctoral, dirigida por Manuel Heras García y Mariano Esteban de Vega, Universidad de Salamanca, 2009; Francisco Bravo, *José Antonio. El hombre, el jefe, el camarada*, Madrid: Ediciones Españolas, 1939; *Historia de Falange Española de las J.O.N.S.*, Madrid: Editora Nacional, 1943; Luis Castro, *«Yo daré las consignas». La prensa y la propaganda en el primer franquismo*, Madrid: Marcial Pons, 2020; Jaume Claret Miranda, *El atroz desmoche. La destrucción de la Universidad española por el franquismo, 1936-1945*, Barcelona: Crítica, 2006; Miguel Ángel Collado Aguilar, *La Guerra Civil Española en Nerva*, Sarrión (Teruel): Muñoz Moya Editores, 2016; Severiano Delgado Cruz, *Arqueología de un mito. El acto del 12 de octubre de 1936 en el Paraninfo de la Universidad de Salamanca*, Madrid: Sílex, 2019; Elías Díaz, *Revisión de Unamuno. Análisis crítico de su pensamiento político*, Madrid: Tecnos, 1968; Isaac Donoso, «Invocación de un mito: Rizal y el último discurso de Miguel de Unamuno», *Revista Filipina*, 2019, 6:1; Francisco Espinosa Maestre, *La Guerra Civil en Huelva*, Huelva: Diputación Provincial, 1996; *La justicia de Queipo: violencia selectiva y terror fascista en la II División en 1936*, Barcelona: Crítica, 2006; *La columna de la muerte. El avance del ejército franquista de Sevilla a Badajoz*, ed. revisada, Barcelona: Crítica, 2017; Luciano G. Egido, *Agonizar en Salamanca. Unamuno, julio-diciembre de 1936*, Barcelona: Tusquets, 2006 (1985); Antonio Heredia Soriano, «Bartolomé Aragón: último interlocutor de Unamuno», *Naturaleza y Gracia*, 2-3, 2000, pp. 837-867; Javier Infante Miguel-Motta, «Por el imperio hacia Dios bajo el mando del Caudillo: profesores de la Facultad de Derecho de Salamanca durante el primer franquismo», en *Cultura, política y práctica del derecho: juristas de Salamanca, siglos* XV-XX, coord. por Salustiano de Dios de Dios y Eugenia Torijano Pérez, 2012, pp. 473-567; Jon Juaristi, *Miguel de Unamuno*, Madrid: Taurus, 2012; José María Jover Zamora, Guadalupe Gómez-Ferrer Morant y Juan Pablo Fusi Aizpurúa, *España: sociedad, política y civilización (siglos* XIX-XX*)*, Madrid: Areté, 2001; André Malraux, *L'espoir. Sierra de Teruel*, Barcelona: Edhasa, 2001; Ana Martínez Rus, *La persecución del libro. Hogueras, infiernos y buenas lecturas (1936-1951)*, Gijón: Trea, 2014; «De quemas y purgas. El bibliocausto franquista durante la guerra civil», *Bulletin Hispanique*, 118:1, 2016, pp. 177-194; Juan Jacinto Muñoz Rangel, *Una historia de la mentira*, Madrid: Alianza Editorial, 2020; Manuel Pastor, «El pensamiento liberal de Unamuno frente al autoritarismo», Kosmos-Polis, 11 de enero de 2014, http://www.kosmospolis.com/2014/01/el-pensamiento-liberal-de-unamuno-frente-al-autoritarismo; Tomás Francisco Pérez Delgado y Antonio Fuentes Labrador, «De rebeldes a cruzados: pioneros del discurso legitimador del Movimiento Nacional: Salamanca, julio-octubre de 1936», *Studia Historica. Historia Contemporánea*, 4, 1986, pp. 235-266; María Luz de Prado Herrera, *La contribución popular a la financiación de la Guerra Civil: Salamanca, 1936-1939*, Salamanca: Universidad de Salamanca, 2012; Carlos Pulpillo Leiva, «La configuración de la propaganda en la España nacional (1936-1941)», *La Albolafia: Revista de Humanidades y Cultura*, 1, 2014, pp. 115-136; Colette y Jean-Claude Rabaté, *Miguel de Unamuno. Biografía*, Madrid: Taurus, 2009; *Miguel de Unamuno (1864-1936). Convencer hasta la muerte*, Barcelona: Galaxia Gutenberg, 2019; *En el torbellino. Unamuno en la Guerra Civil*, Madrid: Marcial Pons, 2019; Wenceslao E. Retana, *Vida y escritos del Dr. José Rizal*, epílogo de Miguel de Unamuno, Madrid: Librería General de Victoriano Suárez, 1907; Miguel Ángel Rivero Gómez, «Miguel de Unamuno, un liberal secuestrado», *Mercurio*, 30 de noviembre de 2020, https://www.revistamercurio.es/2020/11/30/miguel-de-unamuno-un-liberal-secuestrado; Carlos Rojas, *¡Muera la inteligencia! ¡Viva la muerte! Salamanca, 1936*, Barcelona: Planeta, 1995; Margaret Rudd, *The Lone Heretic. A Biography* *of Miguel de Unamuno y Jugo*, Nueva York: Gordian Press, 1976 [Austin: University of Texas Press, 1963]; Emilio Salcedo, *Vida de don Miguel (Unamuno, un hombre en lucha con su leyenda)*, Salamanca: Anthema, 1998 (1964); José Antonio Sánchez Paso, «Quema de libros en Béjar en 1936», *Estudios Bejaranos*, 13, diciembre de 2009, pp. 145-150; Luis E. Togores, *Millán Astray, legionario*, Madrid: La Esfera de los Libros, 2003; Andrés Trapiello, *Las armas y las letras. Literatura y guerra civil (1936-1939)*, ed. corregida y ampliada, Barcelona: Destino, 2019 (1994); Miguel de Unamuno, *Novelas completas*, Madrid: Cátedra, 2017; *El resentimiento trágico de la vida. Notas sobre la revolución y guerra civil españolas*, ed. de Colette y Jean-Claude Rabaté, Valencia: Pre-Textos, 2019; Manuel M.ª Urrutia, «Un documento excepcional: el "manifiesto" de Unamuno a finales de octubre-principios de noviembre de 1936», *Revista de Hispanismo Filosófico*, 3, 1998, pp. 95-101; VV. AA., *Recuerdos del requeté de Huelva. Campañas desde 1936 a 1939*, recopilación de Francisco Vázquez Carrasco, texto inédito, 1970, en Biblioteca Pública de Huelva; Gareth Wood, «Unamuno's Late Reading of Shakespeare: Civil War and Folly», *Bulletin of Spanish Studies*, 90:6, 2013, pp. 971-992; María Zambrano, *Unamuno*, ed. de Mercedes Gómez Blesa, Madrid: Debate, 2003.

Por último, hay que volver a mencionar la película documental que está en el origen de este proyecto: *Palabras para un fin del mundo*, escrita y dirigida por Manuel Menchón y producida por RTVE, Imagine! Factory Films S. L. y Pantalla Partida S. L.